C.H.BECK WISSEN

Die Klaviersonaten Wolfgang Amadeus Mozarts gehören bis heute zu den beliebtesten Klavierwerken der Musikgeschichte. Sie zeichnen sich durch ihren Assoziationsreichtum, ihre klangliche Flexibilität und ihre dramatische Präsenz aus. Sie zeugen von Mozarts grundsätzlicher Orientierung an Theatralität und spiegeln die vielfältigen praktischen Erfahrungen des wegen seiner Improvisationen gerühmten Wunderkindes wider. Siegfried Mauser bietet in diesem Buch eine ebenso erhellende wie unterhaltsame Analyse aller 18 Klaviersonaten Mozarts. Es wird deutlich, dass die faszinierenden Sonaten Mozarts unter vielen Aspekten über den Horizont der Wiener Klassik hinaus visionär in die Zukunft weisen.

Der Pianist und Musikwissenschaftler *Siegfried Mauser* leitet seit 2002 die Musikabteilung der Bayerischen Akademie der Schönen Künste. Er amtiert derzeit noch als Präsident der Hochschule für Musik und Theater München und ist bereits zum neuen Rektor des *Mozarteums* in Salzburg gewählt. Erst kürzlich hat er sämtliche Klaviersonaten Mozarts eingespielt. Bei C.H.Beck ist von ihm lieferbar *Beethovens Klaviersonaten* ([2]2008).

Siegfried Mauser

MOZARTS KLAVIERSONATEN

Ein musikalischer Werkführer

Verlag C.H.Beck

Mit fünf Notenbeispielen

Originalausgabe

Gesamtherstellung: Druckerei C.H.Beck, Nördlingen
Reihengestaltung: Uwe Göbel
Printed in Germany
ISBN 978 3 406 66171 6

www.beck.de

Inhalt

Einleitung

Zur Vorgeschichte

Neben und nach Joseph Haydn gilt Wolfgang Amadeus Mozart als zentrale Figur für die Konzeption der klassischen Klaviersonate, sowohl hinsichtlich der Zyklusbildung innerhalb der Werke als auch der Ausprägung der unterschiedlichen Satztypen. Entscheidend für den entstehungsgeschichtlichen Prozess ist zweifellos die allmähliche Auflösung von Gestaltungsprinzipien der Barockmusik. Harmonisch-rhythmische Verläufe emanzipieren sich zusehends von der Generalbassbindung, eine lineare, konzertierend oder polyphon entwickelte Fortspinnungsmelodik weicht kürzeren, sich wiederholenden bzw. korrespondierenden Motiven, und die Satzfaktur von Triosonaten, die ein funktionales, hierarchisch gegliedertes Stimmenverhältnis vorgibt, verliert immer weiter an Bedeutung. Damit einher geht die allmähliche Distanzierung von den repräsentativen Zyklen der «Sonata da camera» und der «Sonata da chiesa», während in etwa zur selben Zeit ein zunehmender Einfluss der Opernsinfonia vor allem auf die italienische Klaviermusik festzustellen ist. Entsprechende Tendenzen begegnen bereits ab den 30er Jahren des 18. Jahrhunderts und verstärken sich in zunehmendem Maße.

Zunächst kann eine «Experimentierphase» eines frühen «galanten Stils» ausgemacht werden, den man einer Art musikalischen Rokokos zugehörig sehen könnte und zu dessen Hauptvertretern neben Georg Philipp Telemann und François Couperin vor allem italienische Komponisten wie Domenico Alberti, Baldassare Galuppi und insbesondere Domenico Scarlatti zu zählen sind. Daneben tritt in einer zweiten, gleichsam «stabilisierenden» Phase Johann Christian Bach in Erscheinung, der endgültig und unübersehbar ein frühklassisches Idiom von Sonatenkomposition im galanten Sinn etabliert – bekanntlich ist dies schon für den jungen Mozart von besonderer Bedeutung bei der ersten großen Reise, die ihn 1764 auch nach London, dem Wirkungsort Bachs, führte. In den fast immer einsätzigen Werken Scarlattis, die eigentlich «Esercizi» hießen, ergeben sich beispielsweise Tendenzen zu formalen Prinzipien des klassischen Stils wie der Sonatenhauptsatzbildung noch wie zufällig, aus dem spielerisch-instrumentalen Zugriff heraus als ein möglicher Ablauf unter anderen – ein repräsentatives Beispiel dafür wäre die Sonate in C-Dur K 159. Bei Johann Christian Bach wird hingegen schon ein grundsätzliches, wenn auch vielfältig umgesetztes Konzept erkennbar, das nicht nur den Kopfsatz der Zyklen betrifft – deutlich auszumachen bereits in der Sonatensammlung op. 5 (vor 1766). Auf der einen Seite kristallisieren sich in dieser Phase die klassischen Satztypen heraus, auf der anderen wirkt vor allem die zunehmende Entfaltung korrespondenzmelodischer Verläufe, die bei Johann Christian Bach oft gesanglich gehalten sind, stilbildend, womit prinzipiell ein Verhältnis von interaktiver Periodenbildung etabliert wird. Während diese Tendenzen im frühklassischen galanten Kontext meist in reduzierter Zweistimmigkeit und einfacher kadenzharmonischer Bindung gehalten sind, erfolgt bei den Wiener Klassikern eine klanglich-harmonische Auffüllung und rhythmisch-gestalthafte Differenzierung. Diese Entwicklungen werden sozusagen vor Ort durch eine frühklassische Repräsentation einer «ersten Wiener Schule» mit Komponisten wie Georg Christoph Wagenseil und Matthias Georg Monn, deren Hauptinteresse im Gattungsbereich von Konzerten angesiedelt war, mitgetragen und vorbereitet. Die korrespondenzmelodische Bindung mit ihren kadenzharmonischen Abläufen liefert zusehends ein Gerüst im klein- wie großformalen Bereich, das sich dann als architektonische Grundlage unterschiedlicher Satztypen im Sonatenzyklus konkretisiert und artikuliert.

Als weitere Einfluss-Sphären für den Konstitutionsprozess klassischen Sonatenkomponierens müssen die verschiedenen Erscheinungsformen «empfindsamer» Stilistiken einbezogen werden. Hierzu ist die Mannheimer (Carl Stamitz) und Pariser (Johann Schobert, der für Mozart von besonderer Bedeutung war) Tradition ebenso zu zählen, wie vor allem das überregionale Wirken Carl Philipp Emanuel Bachs, des nach damaligem Meinungsbild eigentlich «großen» Bach. Schon in seinen «Württembergischen Sonaten» Wq. 49 (1744) finden wir eine entscheidende Steigerung der durch motivische und figurative Setzungen vermittelten Affekte, was sowohl die Deutlichkeit ihrer Charakterisierung im Einzelnen als auch ihre vielfältige Aufeinanderfolge betrifft – dies kann bis zu überraschenden Tempo- und Dynamikwechseln innerhalb einzelner Satzteile führen. Die wie spontan gesetzt wirkende Präsenz unterschiedlichster «Empfindungen» erhöht sich dann entschieden in Bachs Sammlungen «Für Kenner und Liebhaber» (ab 1779), deren Werke häufig extreme dynamische Kontraste, unterschiedlichste Figurationszüge auf engem Raum und radikale Tempoumbrüche aufweisen. Damit wird letztlich den ästhetischen und zugleich instrumentalspezifischen Anweisungen seiner Klavierschule «Versuch über die wahre Art, das Klavier zu spielen» (1753) Rechnung getragen; bei Improvisationen soll es beispielsweise Prinzip sein, «in hurtigen Überraschungen von einem Affekt zum anderen zu eilen» (S. 27), um dadurch die Fähigkeit zu offener Beweglichkeit zu verdeutlichen: «Aus der Seele muss man spielen, nicht wie ein abgerichteter Vogel» (S. 119). Dieses Plädoyer für eine individuelle, affektorientierte Expressivität nimmt letztlich kompositorische wie aufführungspraktische Tendenzen des 19. Jahrhunderts vorweg – besonders deutlich in folgender Bemerkung, die ein allzu mechanisches, ausschließlich technisch orientiertes Klavierspiel rügt: «Es ist ein Irrtum, wenn man glaubt, dass sich die Regeln des guten Vortrags bloß auf die Ausführung der Handsachen erstrecken» (S. 242). Damit wird deutlich, dass ein Komponieren nach den rhetorisch gebundenen Regeln der barocken Figurenlehren und eine entsprechend orientierte Aufführungspraxis zweifellos einem Musikbegriff Platz machen, der an spontaner, affektiver Setzung interessiert ist, die sich letztlich an der Vielfalt menschlicher Empfindungen orientiert und somit Emotionalität, Individualität und psychologische Dispositionen ins Zentrum der Kunstgestaltung rückt.

Diese Eigenschaften zeichneten laut zeitgenössischer Beobachtung und Theoriebildung vor allem die Sonatenkomposition deutscher Provenienz aus, die sich dadurch deutlich von der italienischen Produktion abhebt, der ein eher inhaltsleeres, mechanisch-formalistisches Instrumentalspiel nachgesagt wurde; schon Johann Abraham Peter Schulz vermerkt 1774 in Johann Georg Sulzers «Allgemeiner Theorie der Schönen Künste» (Band IV, S. 1094): «Die Instrumentalmusik hat in keiner Form bequemere Gelegenheit, ihr Vermögen, ohne Worte Empfindungen zu schildern, an den Tag zu legen, als in der Sonate. [...] Freylich haben die wenigsten Tonsetzer bey Verfertigung der Sonaten solche Absichten, und am wenigsten die Italiäner, und die, die sich nach ihnen bilden.»

Generell ist in diesem Zusammenhang festzuhalten, dass die Sonatentheorie der 70er und 80er Jahre des 18. Jahrhunderts (Johann Nikolaus Forkel, Daniel Gottlob Türk, Christian Friedrich Daniel Schubart) prinzipiell affektorientiert ist und kaum auf strukturelle oder formale Gestaltungsmomente rekurriert; meist wird sogar für die Dominanz eines Grundaffekts gegenüber mehreren, deutlich unterscheidbaren Nebenaffekten innerhalb der einzelnen Satztypen, gelegentlich auch eines gesamten Zyklus, plädiert – sicherlich ein Nachwirken der barocken Forderung nach Affekteinheit in größeren Zusammenhängen. Komposition und Rezeption sollen nach den Prinzipien einer «Klang-Rede» erfolgen, die eine Art «musikalische Konservation [...] mit toten Instrumenten» (Schubart, Ideen zu einer Ästhetik der Tonkunst 1784/85, S. 271) wiedergibt, und zwar im Sinne einer durchgängigen Vermittlung «leidenschaftlicher Empfindungen» und dementsprechend zugeordneten Affekteinheiten. Wie in vielen Sonaten Carl Philipp Emanuel Bachs scheint das Prinzip affektiven Komponierens aus der Tradition der Barockmusik weiterzuwirken; es wird jedoch von den Regeln der Figurenlehren und deren rhetorischen Fixierungen abgelöst und für spontan empfundene Setzungen und dadurch entstehende Spannungen freigegeben, deren Abfolge die Grundlage der instrumentalen Satzverläufe bildet.

Erst in den 90er Jahren, also nach Mozarts Tod, tritt v. a. mit

Heinrich Christoph Koch und dessen «Versuch einer Anleitung zur Composition» (abgeschlossen 1793) für die theoretische Beschreibung des Sonatenkonzepts eine architektonisch-formale Perspektive in den Mittelpunkt, ohne allerdings dabei die affektive Grundorientierung zu vernachlässigen. Im Hinblick auf «die Melodie der Sonate», die als zentrales Ereignis für die Charakterbildung angesehen wird, vermerkt Koch, dass sie «höchst ausgebildet seyn, und gleichsam die feinsten Nuancen der Empfindungen darstellen [muss]» (Bd. III, S. 317). Darüber hinaus wird aber auch erstmals die Zyklusbildung mit einer genauen Beschreibung der Sonatenhauptsatzform («erstes Allegro») mit Exposition, Durchführung und Reprise, sowie der dreiteiligen Liedform bzw. Variationssatzbildung für den langsamen Satz und verschiedener Rondoformen für das schnelle Finale detailliert beschrieben – die heute gebräuchliche Nomenklatur hat sich allerdings erst später durchgesetzt. Damit wird deutlich, dass sich in der Sonatenkomposition jetzt ein architektonisch-formales Bewusstsein einstellt, das dann im 19. Jahrhundert, vor allem ab den 30er Jahren durch die Theoriebildung von Adolf Bernhard Marx («Die Lehre von der musikalischen Komposition», 1837), am Vorbild Beethovens zum ästhetischen Paradigma schlechthin erklärt wird. Klar wird aber auch, dass bis einschließlich Mozarts kompositorischen Schaffens eine deutliche Dominanz der Prinzipien einer affektiven «Klang-Rede» vorherrscht, der es vorbehalten bleibt, innerhalb bestimmter Rahmenbedingungen eine gewisse Vielgestaltigkeit und Heteronomie formaler Prozesse zuzulassen – die architektonisch wenig regelhaft proportionierten 18 Klaviersonaten, die im Mittelpunkt dieser Betrachtung stehen, vermögen dies anschaulich zu verdeutlichen.

Mozarts Projekt der Klaviersonaten zehrt in seiner Entfaltung von diesen verschiedenen, miteinander verwobenen Traditionen kompositorischer Praxis und reflektierender Theoriebildung. Es erhält seine Unverwechselbarkeit jedoch erst durch zwei weitere Impulse, die wie rote Fäden die Produktion durchziehen: Einerseits ist eine prinzipielle Orientierung an Theatralität zu erkennen, die die verschiedenen Aspekte der «leidenschaftlichen Empfindung» aufgreift und konkretisiert. Andererseits ist seine kompositorische Praxis durchwirkt von den vielfältigen Erfahrungen mit dem eigenen Spiel – vor allem der immer wieder gerühmten Kunst seiner Improvisationen –, aber auch dem geschätzter Schüler oder Kollegen sowie den Erfahrungen mit dem eigenen Schaffen innerhalb anderer Gattungszusammenhänge wie denen der Sinfonie, des Konzerts oder kammermusikalischer Ensemblebildungen; hinzu treten die außerordentlich vielfältigen Erfahrungen mit fremder Musik, ob zeitgenössisch oder historisch (z.B. Bach und Händel), die seine Personalstilistik immer wieder beeinflussen. Erst dadurch entsteht die «originale» Phänotypik seines Sonatenkomponierens, die innerhalb der zweiten Hälfte des 18. Jahrhunderts einen ebenso faszinierenden wie weiten Bogen spannt.

Prolog

Zu den begleiteten Klaviersonaten KV 6–9, KV 10–15 und KV 26–31

Die zehn frühen Sonaten für Klavier und Violine (KV 6–9 und KV 26–31) wurden zwar in der Neuen Mozart-Ausgabe aufgrund ihrer Besetzung mit Recht nicht in den Band 20 (Klaviermusik), sondern an entsprechender Stelle in den Bereich Kammermusik aufgenommen, dennoch müssen diese Werke in einem Führer zu den Klaviersonaten zumindest kurz behandelt werden, da sie konzeptionell eindeutig als solche mit Begleitung der Violine gedacht waren. Ein dialogisierendes Verhältnis zwischen den beiden Instrumenten, das dann ab der Sonate in G-Dur KV 301 (Mannheim 1778) zur kammermusikalischen Selbstverständlichkeit wurde und im eigentlichen Sinn die Gattung der Sonate für Klavier und Violine im Werk Mozarts begründete, liegt nur in wenigen und dann auch höchst bescheiden angelegten Ausnahmen vor. Meist verdoppelt die Violinstimme lediglich klanglich die Oberstimmenführung des Klaviers, gelegentlich in Terzen oder Sexten, oder unterstützt die figurative Begleitung der linken Hand – ganz selten treten imitatorisch geführte Passagen auf.

Die ersten vier Beispiele entstanden nicht zufällig 1763/64 in Paris, von wo aus Vater Leopold stolz an den Freund Lorenz Hagenauer nach Salzburg berichtet (1. Februar): «Nun sind 4 Sonaten von Mr: Wolfgang Mozart beym stechen. Stellen sie sich den Lermen für, den diese Sonaten in der Welt machen werden, wann am Titelblat stehet daß es ein Werk eines Kindes von 7 Jahren ist.» An Kompositionen Mozarts lagen bis dato nur im Notenbuch für Schwester Nannerl und in der Abschrift Leopolds übermittelte Klavierstücke vor; einige davon wanderten dann in die verfertigten Sonaten – so im Fall des zweiten Menuetts von KV 6 –, was einmal mehr die ursprüngliche Konzeption als Klavierwerke belegt. Die Hinzufügung einer begleitenden Violinstimme entsprach dem damaligen Pariser Geschmack, den merkwürdigerweise vor allem deutsche Klavier-Komponisten wie der Augsburger Johann Gottfried Eckhard und insbesondere der Schlesier Johann Schobert repräsentierten. Dessen Sonaten op. II enthielten in der Drucklegung folgenden Zusatz: «qui peuvent se jouer avec l'accompagnement de violon» («die mit Begleitung der Violine gespielt werden können»), was letztlich einer Anweisung «ad libitum» gleichkommt. Dementsprechend erschienen auch die in zwei Zweiergruppen publizierten Sonaten op. I (KV 6–7) und op. II (KV 8–9) von Mozart – ebenfalls nach Schoberts Vorbild – mit der Angabe «Pour le Clavecin/Qui peuvent se jouer avec l'Accompagnement de Violon». Dass gerade Schobert, zu dem in Paris auch persönlicher Kontakt bestand, maßgeblichen Einfluss auf Mozarts Komponieren hatte, belegt unter anderem die Paraphrasierung des Kopfthemas aus dessen Sonate op. I Nr. 2 im Finalsatz von KV 6. Auch der auffällige Gebrauch durchlaufender Albertibass-Begleitung in Mozarts Werken verrät die deutliche Orientierung am Pariser «goût».

Die Begleitstimmen wurden also generell nicht als «obligat» (verpflichtend) eingestuft. Dies gilt ebenso für die in London als op. III erschienene Sammlung KV 10–15 (1765), die mit «ad libitum»-Begleitung von Violine oder Flöte und einem Violoncello veröffentlicht wurde und in der Neuen Mozart-Ausgabe dementsprechend als frühe Klaviertrios geführt wird. Auch in diesem Fall steht einer Aufführung als reiner Klaviersonate nichts im Wege, zumal gerade die zusätzlich hinzutretende Violoncellostimme nahezu ausschließlich die Stimmführung der linken Hand verdoppelt. Einerseits legt dieses Verfahren offen, dass es bei den Begleitstimmen erneut primär um klangliche Verstärkungen des rasch verklingenden Cembalos ging. Andererseits wird darüber hinaus jedoch auch ein Weiterleben der Möglichkeiten des im Barockzeitalter üblichen alternativen Instrumentengebrauchs und der möglichen Aufführungspraxis des Generalbasses durch hinzugefügtes Violoncello bestätigt – diese Tendenzen verschwinden dann spätestens ab den 70er Jahren endgültig. Zeigten KV 6–9 deutliche Einflussnahmen der Pariser Szene, so treten in KV 10–15 solche durch Johann Christian Bach, den in London tätigen «italiänischen Bach», zutage. Mozarts op. IV schließlich, die sechs Sonaten mit Violinbegleitung KV 26–31, wurden im Februar 1766 in Den Haag für Karoline von Oranien-Nassau, die Schwester des Prinzen Wilhelm von Oranien komponiert, der sie auch gewidmet sind.

Zyklusbildung und Satztypik dieser vier ersten publizierten Opera Mozarts als begleitete Klaviersonaten sind höchst vielfältig und unsystematisch, ähnlich den «Divertimenti» als generell offenen Werkzyklen. Einerseits zeigen sie Bezüge zu den jeweiligen Entstehungsorten und -anlässen, andererseits meist eine Vermischung figurativer Tendenzen des barocken Suitensatzes mit Prinzipien des sich allmählich konstituierenden klassischen Stils, vor allem Aspekte der Harmonik und motivischen Entwicklung betreffend. Eine viersätzige Anlage zeigt bereits die erste Sonate in C-Dur aus KV 6 – Allegro/Andante/Menuett I, II/Allegro molto –; wir haben also eine vielfältig gestaffelte Zyklusbildung einer «großen Sonate», wenn auch mit kurzen Sätzen, vor uns – das Finale präsentiert überraschend und wohl erstmals in Mozarts Schaffen einen veritablen Sonatenhauptsatz mit dualer Themenbildung. Eine gewisse Dominanz dürfen die häufigen Menuette beanspruchen, die nicht selten, wie in KV 7, 8 und 9, als Finalsätze fungieren – wie übrigens auch in etlichen frühen Sonaten Joseph Haydns. Hierin zeigt sich erneut ein deutlicher Hinweis auf die Nachwirkung der Suitentradition des Barockzeitalters; das Relikt des Menuetts vermag zudem den Entwicklungsschub hin zur klassischen Sonatenkonzeption zu überdauern. Weitere ungewöhnliche Konstellationen stellen beispielsweise die langsamen Kopfsätze («Andante poco Adagio» und «Adagio») der jeweils zweisätzigen Sonaten KV 27 und KV 30, sowie die Kombination zweier schneller Sätze («Allegro maestoso»/«Allegro grazioso») in der ebenfalls nur zweigeteilten Sonate KV 28 dar. Die Zweisätzigkeit als solche entspricht dabei dem üblichen Typus einer «sonata italiana». Das Modell eines «Rondeau»-Satzes als schnelles Finale findet sich bereits in KV 26, in KV 31 erscheint sogar ein finaler Variationssatz nach einem «Tempo di Minuetto». Auch die Vielfalt der langsamen Mittelsätze scheint das freie Spiel mit Satztypen zwischen den Zeiten zu bestätigen; einen besonders auffälligen Vorgriff repräsentiert dabei das «Adagio» aus der Sonate KV 7, das zweifellos als einer der ersten hochexpressiven Satzverläufe Mozarts mit überraschenden harmonischen Rückungen zu gelten hat und vorrangig dazu angetan scheint, den von Vater Leopold erhofften, ungläubigen Eindruck «in der Welt» hervorzurufen, «wenn am Titelblat stehet daß es ein Werk eines Kindes von 7 Jahren ist.» Auch wenn diese Werke kaum einen festen Platz innerhalb der Repertoirebildung der Klaviersonaten beanspruchen können, so darf es doch als höchst reizvoll gelten, das eine oder andere Stück mit oder ohne Begleitung im Konzertleben vorzufinden oder zumindest in ein Unterrichtsprogramm einzubauen.

Erste Phase

Improvisierte «Manieren» und instrumentales Theater: Frühe Münchner Sonaten KV 279–284

Obwohl die sechs Sonaten KV 279–284 in engem Zusammenhang zu sehen sind – Mozart nummeriert sie selbst im Sammelautograph durch – und ihre gemeinsame Entstehung eindeutig auf den Jahresbeginn 1775 in München zu verlegen ist, fällt dennoch die «dem Grafen Dürnitz in München gemachte» (Brief vom 9. Juni 1784) Sonate in D-Dur KV 284 in mehrfacher Hinsicht aus dem Rahmen. Zum einen hebt sie sich architektonisch mit einem breit angelegten Variationsfinale, das mit fast 20 Minuten Dauer einem selbständigen Variationszyklus vergleichbar ist, von den fünf anderen Sonaten ab; zum anderen verweist die bemerkenswerte Einschätzung Mozarts, gerade dieses Werk komme «auf die Pianoforte vom stein unvergleichlich heraus» (Brief vom 17. 10. 1777), auf eine Sonderstellung, die auf eine besondere Affinität zur Aufführungspraxis auf den modernen Hammerklavieren hinweist. Gerade das kann man bei den fünf anderen Sonaten nicht in derselben Weise behaupten, da vielfach cembalospezifische Figurationen dominieren und sich nur gelegentlich mit galanten und empfindsamen Elementen mischen, die allerdings teilweise durch notierte Übergangsdynamik (crescendo und diminuendo) in ihrem klangexpressiven, modernen Charakter verstärkt werden. Muss hier also zumindest eine instrumentenspezifische Ambivalenz in Anschlag gebracht werden, so scheint die enorm gesteigerte Charakterisierungskunst und Virtuosität der sechsten, erstmals «großen» Sonate deutlich auf das Hammerklavier zu verweisen. Auch die getrennte Publikation im Erstdruck scheint dies zu bestätigen: KV 279–283 wurden als Sammlung 1779 bei Breitkopf, KV 284 erst 1784 bei Torricella in Wien, zusammen mit der Klaviersonate KV 333 und der großen Klavier-Violinsonate KV 454 veröffentlicht. Mozart hat zudem KV 284 mehrfach als einzelnes Werk erwähnt und aufgeführt, beispielsweise anlässlich einer Augsburger Akademie im Oktober 1777: «Dann spiellte ich allein die lezte Sonate ex D fürn Dürnitz» – was ebenfalls den besonderen Rang bestätigen dürfte.

Natürlich gibt es darüber hinaus auch vielfache Gemeinsamkeiten, die wohl unter anderem in Bezug zur damals in München vorbereiteten Uraufführung der Oper «La finta gardiniera» KV 196 stehen. Dieses Werk markiert im Gattungsbereich der opera buffa einen ähnlichen Durchbruch wie der ebenfalls in München uraufgeführte «Idomeneo» KV 366 (1781) für die opera seria. Es bildet einen sinnfälligen Hintergrund zumindest für den instrumental-theatralen Humor, wie er sich besonders deutlich im Finale von KV 281 bemerkbar macht, aber darüber hinaus generell in der dichten und vielfältig wechselnden Charakterisierungskunst nahezu aller Sonatensätze erkennbar ist. Mozart hat wohl die sechs Sonaten vor allem für das eigene Konzertieren während der dreimonatigen Münchner Zeit geschrieben, gleichsam als Präsentationsmöglichkeit des ausübenden Musikers: «[Habe] in München schon alle Meine 6 Sonaten recht oft auswendig gespiellt.» (Brief vom 17. 10. 1777). Sicherlich konnte das Augenmerk auf den Opernkomponisten dadurch verstärkt werden, wenn der Virtuose Mozart auf seinem Instrument die für damalige Verhältnisse wirklich «schweren Sonaten» (Brief vom 4. 2. 1778) spielte – somit war auch eine Art Werbemaßnahme mit der Komposition und Aufführung der Sonaten verbunden. Vor diesem Hintergrund wird es verständlich, dass sich ein je unterschiedlich akzentuierter Grundcharakter pro Sonate im Sinne eines jeweils spezifischen Verhältnisses zwischen opernhafter Theatralität und virtuos-spielerischer Instrumentalität ergibt.

Sonate in C-Dur KV 279

Beide Aspekte werden sofort im ersten Satz der Sonate in C-Dur KV 279 evident – dem einzigen der Sammlung, dessen Autograph verloren ging: Wir haben einen Sonatenhauptsatz mit nahezu durchlaufenden Sechzehntelfigurationen vor uns, die humorvoll-spielerisch, wie aus fantasievoller Improvisation gewonnen erscheinen und Dreiklangsbrechungen, Wechselnoten, Skalen und Albertibässe abwechseln lassen. Aus diesem Spiel ergibt sich eine Vielzahl gestisch-motivischer Gestalten, die zwar rudimentär ein abgesetztes zweites Thema erkennen lassen – ab T. 20 in G-Dur, mit einleitendem Vorspann über terzverwandtes E-Dur und Doppeldominate D-Dur ab T. 16 –, im Prinzip aber mehr einer parataktisch gereihten Vielheit entsprechen als einem kalkulierten Formkonzept. Diese wird durch das Bewegungskontinuum sowie die zahlreichen Sequenzbildungen zusammengebunden – mit deutlich spürbarer Nähe zu cembalospezifischen Bewegungsabläufen. Sequenzmechanik dominiert dementsprechend auch die 18-taktige Durchführung mit eintaktigen Harmoniewechseln ausgehend von g-Moll (T. 39–57) – sie erinnert von fern an entsprechende Verläufe aus Scarlatti'schen Sonaten. Ein ebenfalls sequenzwiederholter Zweitakter (T. 48–51) webt kurzzeitig eine korrespondenzmelodische Phrase in die barockisierende Bewegungsmotorik ein – ein beinahe irritierender Fremdkörper, noch dazu in überraschend wechselndem Piano (T. 48/50) und Forte (T. 49/51). Hier kommt besonders deutlich das improvisatorisch-theatrale Element zur Geltung, das sich bereits in der Exposition mehrfach in überraschenden Wendungen und Abbrüchen zeigte, so in T. 12 ff. oder T. 25 ff., ebenfalls mit abrupten Dynamikwechseln verbunden. Die plötzlich hervorspringenden Figuren wirken wie spontan gesetzte Gesten, die durchaus von imaginierten Personen einer Instrumental-Bühne Mozarts aus dem Geiste des Musiktheaters stammen könnten. In der leicht erweiterten Reprise ab T. 58 – mit 42 statt 38 Takten in der Exposition – erscheint das zweite Thema ab T. 74 lehrbuchmäßig modulierend in der Grundtonart C-Dur. Dennoch bringt sich weniger das eingehaltene Sonatenhauptsatzprinzip mit seinen grobformalen Verhältnissen als primäres Klangereignis ins Spiel, als vielmehr weiterhin die motorische Instrumentalität, wie wir sie beispielsweise von barocken Suitensätzen im schnellen Tempo her kennen.

Der schnellen Bewegungsmotorik des ersten Satzes entspricht

eine triolisch-gebundene des zweiten Satzes in F-Dur, die ebenfalls im Begleitsatz nahezu durchläuft und eine für Andante-Sätze Mozarts charakteristische Dialog-Kantabilität in der Oberstimme zulässt – noch im Andante der «Sonata facile» KV 545 finden wir diesen Typus wieder, der auf ebenso schlichte wie bezwingende Weise erzählende Dialogstrukturen über ein weitgehend gleich bleibendes Klangband legt. Durch dieses entsteht eine Art instrumentaler Bühnenboden, auf dem sich die Individualität des differenzierten Erzähl- und Sprachflusses entfaltet. Im Beispiel des Andante von KV 279 fallen die erneut immer wieder überraschend einbrechenden Dynamik-Kontraste auf – schon zu Beginn in T. 2–4: Fortissimo – Piano – Fortissimo –, deren konsequente Umsetzung in der Interpretation erst den theatralen Gestus innerhalb der grundsätzlich epischen Disposition deutlich macht. Wir haben ein erstes Beispiel vor uns, wie die frühklassische Expressivität aus «empfindsamer» Tradition in eine theatrale Dimension überführt wird: Der dynamisch-dramatische Wechsel erscheint wie ein Dialog sprechender Figuren, die sich teilweise ins Wort fallen – z. B. durch die überraschende Wiederholung des Oktavfalls im Forte in T. 4. Ein besonders auffälliges Beispiel eines theatralen actio-reactio-Verhältnisses ist ab T. 10 erkennbar: Auf die Fixierung des Tones g in der Oberstimme, durch piano-Repetitionen in T. 10 sowie akzentuierende kurze Vorschlagsfiguren im Forte in T. 11–13 herbeigeführt, reagieren drehende Umspielungsfiguren (erneut forte – piano) in Sexten und Dezimen in Mittel- und Unterstimme. Die gestische Präsenz dieses Vorgangs übersteigt entschieden den Normalfall motivischer Korrespondenzbildung.

Auch formal erweist sich der Satz als charakteristisches Beispiel offener Reihungskonzeption im Frühwerk Mozarts, dem letztlich vier Gestaltungseinheiten zu Grunde liegen: T. 1–8/10–13/18–21/22–25; deren vier- bzw. achttaktige Regelmäßigkeit wird durch Überleitungspartien unterlaufen, die jedoch ein derart starkes Eigengewicht einbringen, dass sie kaum weniger motivisch relevante Züge aufweisen: T. 9–10/14–17/26–27. Diese heteronome Motiv-Gesten-Vielfalt erhält erst am Beginn des Mittelteils eine verdeutlichende Wendung. Hier wird das Einstiegsmaterial durchführungsartigen, harmonischen Umbeleuchtungen ausgesetzt (T. 29–38) und so im Nachhinein als eine Art Hauptmotivik ausgewiesen. Der reprisenartige Schlussteil ab T. 43 koppelt dann erneut die verschiedenen Einheiten in assoziativer Freiheit und Gleichberechtigung aneinander – so taucht jetzt die ursprünglich vierte und letzte Einheit des ersten Teils (T. 22–25) als kurzer zweitaktiger Einschub schon unmittelbar nach der ersten Einheit auf (T. 48–49). Improvisatorischer Zugriff und theatraler Gestenreichtum bestimmen so die Binnengliederung des Satzes, der sich trotz erkennbarer formaler Tendenzen konventionellen Zuordnungen im Sinne einer festgelegten und verpflichtenden Gestalt letztlich entzieht.

Die spielerisch-gelöste Heiterkeit des Finales, wiederum in C-Dur, setzt sodann die im ersten Satz beschriebenen Tendenzen fort, wenn auch stärker von barocker Cembalo-Idiomatik distanziert. Schon der kontrastierend gesetzte Stau des Beginns zwischen zwei im Quartsprung gegeneinander geführten Halben und darauf folgenden, abwärts führenden Sechzehntelrotationen (T. 1–4) zeigt eine Gestik an, die in ihrer rhetorischen Frage- und Antwortstruktur bzw. ihrem theatralen Affekt erneut ganz dem Darstellungsvokabular des frühen Mozart entspricht. Zunächst als «Antwort» zum Viertakter (T. 7–10) und damit die gesamte Dialoggestalt zum Sechstakter dehnend (T. 5–10) löst deren Wiederholung im Forte ab T. 5 sofort eine improvisatorische Fortspinnung aus, die dann in einen überleitenden Figurationsprozess ab T. 11 mündet. Ein zweites Thema ab T. 23 wird zwar strukturell und affektiv deutlich abgesetzt und macht ab T. 34 wiederum schnell instrumentalspezifischen Figurationen aus dem Geist der Improvisation Platz. Dennoch behält der aus späterer Perspektive als angedeutet zu bezeichnende Sonatenhauptsatz den Charakter einer parataktisch angelegten Reihung von unterschiedlichen Gestaltungseinheiten bei. Auch die Verwendung des zweiten Motivmaterials anstatt des erwarteten ersten im erneut durchführungsartigen Beginn des zweiten Teils ab T. 57 ff. bestätigt die unsystematische, spielerische Freiheit der gesamten Verlaufsbildung. Diese erhält vor allem durch die immer wieder eingestreute Kurzgestik, z.B. ab T. 38ff., die wie schnelle, fast körperlich wirkende Bewegungsfloskeln in Erscheinung tritt, eine komödiantische Grundorientierung.

Sonate in F-Dur KV 280

Auch der Kopfsatz dieser Sonate entfaltet weitgehend eine cembalobezogene Figurationstechnik und entsprechende Instrumentalmotorik aus barocker Tradition, allerdings immer mit gestisch-theatralen Einbrüchen verquickt. Schon der arpeggierte Akkord zu Beginn mit nachfolgend absteigender Dreiklangsbrechung in der linken Hand verweist klangästhetisch ebenso unmissverständlich auf das Cembalo, wie die vielfachen paarigen Wiederholungen und Sequenzierungen – vor allem ab T. 18 – eine deutliche Nähe zur Suitensatz-Tradition signalisieren. Verstärkt wird dieser Eindruck durch die latente Menuett-Rhythmik, die vor allem zu Beginn eine gravitätische Schrittfolge zu suggerieren scheint. Erneut prägt den Satzverlauf im Ganzen einerseits eine beinahe spielerisch-improvisatorisch gewonnene Reihung verschiedener Klang- und Satztypen, die jedoch andererseits bereits in der Exposition Tendenzen zu übergreifenden Bezugnahmen erkennen lässt: Eine eventuell als zweiter Motivbereich zu identifizierende Entwicklung ab T. 27 ausgehend von der Dominante C-Dur kann gleichzeitig als Umstellungsvariante des ersten Themas gelesen werden: Der absteigende Dreiklang zu Beginn (T. 1) in der linken Hand wird zum aufsteigenden in T. 27. Daran schließen sich die jetzt klanglich aufgefüllten, ebenfalls variativ umgekehrten Sechzehntelfigurationen im fortlaufenden Sequenzmodus direkt an, die zu Beginn erst ab T. 7 in Erscheinung traten; in beiden Fällen folgen sodann in unterschiedlicher Länge Sequenzen triolischer Figurationszüge (T. 13–26 bzw. 35–42), so dass der Eindruck einer spielerisch variierten Zweiteiligkeit entsteht, die allerdings weder präzise proportioniert erscheint (26 Takte gegenüber 15 Takten) noch in strukturell genau kalkulierten Entsprechungen verläuft. All dies deutet erneut auf eine ursprünglich improvisatorisch gewonnene Ausführung hin, die dann in der Verschriftlichung die assoziativ-spielerische Freiheit zwar einerseits bewahrt, andererseits aber doch zur «res facta» komponierter Ereignisse umlenkt. Ab T. 43 beginnt dann ein letzter Figurationsblock, erneut in C-Dur und nahezu durchlaufenden Sechzehnteln, den eine kurze, sich nochmals wiederholende und motivisch eigenständige Coda-Episode ab T. 54 abschließt. Auch dieses Figurationsfeld ab T. 43 könnte als zweiter Themenblock gelten; allerdings ist der durchlaufende Sechzehntelimpuls motivisch derart unspezifisch, dass er eher zur Überleitungsfunktion taugt als der Block ab T. 27, der sich immerhin durch dynamische und gestische Kontrastbildung im Inneren motivisch qualifiziert (T. 27 forte, T. 28–30 piano). Allerdings erscheint es generell unerheblich, im Übermaß von zentralen Themen zu sprechen, da der fortlaufende Figurationsimpuls in Duolen, Triolen und schließlich Sechzehntel-Vierergruppen das eigentlich Wesentliche für die ästhetische Wahrnehmung artikuliert. Hinzu kommt die häufig wechselnde Dynamik und die radikale Parataxe aneinander gereihter Kleingruppen, die in der Kombination fast wie Versatzstücke wirken und erneut einem freien, abwechslungsreichen Auftreten verschiedener «Figuren» zu entsprechen scheinen; die Ähnlichkeit mit einer Art instrumentalem Improvisationstheater, das notgedrungen als notiertes Ereignis eine fest gefügte Form annehmen muss, ist groß. Auch die aufgelöste, in durchbrochenem Satz interagierende Durchführung (T. 57–82) sowie die kleinen Spielereien mit Übergriffen in der Reprise (T. 101 ff.) bestätigen diesen Eindruck.

Mit dem «Adagio» des Mittelsatzes in f-Moll begegnet man zum ersten Mal einem expressiven Satztyp, dessen Klagemotivik und Dissonanzreichtum in schwebendem Sechs-Achtel-Takt durchaus auf Mozarts Spätstil vorausweisen – etwa auf das Adagio in h-Moll KV 540, mit dem es auch durch den imitatorischen Beginn verbunden ist. Der erneut keiner systematischen Regelhaftigkeit verpflichtete Verlauf scheint einer semantischen, nahezu programmatisch wirkenden Konzeption zu gehorchen: Auf die seufzermotivisch gebundene Klagegestik mit Kleinsekunddrehung und punktierter Rhythmik zu Beginn – durchaus nahe an Thementypik entsprechender Opernarien – folgt ab T. 9 eine tröstende Dur-Motivik über einem fließenden, Albertibass-ähnlichen Sechzehntelbegleitband mit epilogartiger, wiederholter Schlusskadenzierung ab T. 21. Dieses latente «per aspera ad astra»-Prinzip wiederholt sich in dramaturgischer und formaler Entsprechung im zweiten Teil ab T. 33 – vorgeschaltet wurde nur eine kurze durchführungsartige Episode (T. 25–32), die dem Seufzermotiv ab T. 29 eine durchlaufende Drehbewegung in Sekundverhältnissen abtrotzt.

Ein ausgelassen-humorvolles bis gestisch-witziges Presto markiert danach ein wirkungsvolles tänzerisches Finale – ganz ähnlich dem abschließenden Presto in der fünften Sonate KV 283. Allerdings wird in KV 280 erstmals die Zyklusbildung der gesamten Sonate dadurch entscheidend gespannt, dass das ungewöhnlich langsame Adagio einerseits als Reaktion auf ein bereits beschleunigtes Allegro assai zu Beginn wie andererseits als Kontrast zum sehr schnellen Presto des Finales angelegt erscheint. Die Geschwindigkeitsverhältnisse zwischen den Sonatensätzen werden dadurch gespreizt, was eine erhöhte Absetzung der Charaktere voneinander nach sich zieht und eine verschärfte Kontrastierung im Gesamtverlauf anzeigt.

Sonate in B-Dur KV 281

Eine besonders auffällige Orientierung an improvisationsspezifischen Verzierungen aus dem Repertoire der zeitgenössischen «Manieren» zeigt der erste Satz von KV 281 – man könnte problemlos über weite Strecken eine Art melodisch-harmonischen Gerüstsatz abstrahieren, der mit wesentlichen und willkürlichen Verzierungen (vgl. dazu: «Zur Interpretation», S. ##) aufgefüllt und zum komponierten Ereignis gemacht wurde. So lässt sich der ornamentale Überbau unter der Perspektive üblicher Manieren mehrfach reduzieren (Notenbeispiel 1, T. 1–8): Die satztechnische Substanz der ersten beiden Takte besteht in nichts anderem als einem Terzzug der linken Hand, der selbst wiederum in Terzen vollzogen wird; im ersten System findet man eine erste figurative Auflösung, die die grundsätzlich erweiterten Intervallfortschreitungen angibt, in der rechten Hand der

Klavierstimme schließlich die originale Diminution mit Triller, Nachschlag, Brechung und Vorschlägen. So sieht man deutlich, wie ein einfaches melodisch-harmonisches Gerüst – von der Tonikagrundstellung in T. 1 bis zum Sextakkord in T. 2 – mit Manieren ornamentiert wird, die wohl ursprünglich durch improvisiertes Spiel gewonnen und danach als verschriftlichtes Ereignis komponiert wurden. Der Kopfsatz orientiert sich in seinen Grundzügen an Merkmalen des Sonatenhauptsatzes: ein deutlich abgesetztes, auf der Dominante F-Dur einsetzendes zweites Thema finden wir ab T. 18, eine Art drittes Thema auf der Wechseldominante C-Dur ab T. 27 und schließlich eine Coda in zwei Teilen ab T. 34/38; daneben sind eine vielgestaltige Durchführung zwischen T. 41–69 und eine anschließende Reprise ab T. 74 auszumachen. Der Kopfsatz hat sein eigentliches Charakteristikum in dieser figurenspezifisch-gestischen Präsenz zum Teil scheinbar unvermutet auftauchender und miteinander kommunizierender Gestalten, die im instrumentalen Medium durchaus den Geist der «commedia dell'arte» atmen; ein Eindruck, der im gassenhauerischen Finale noch verstärkt wird. Der damit verbundene besonders schnelle Wechsel von Figuren und Affekten erinnert wiederum an ästhetische Vorstellungen des empfindsamen Stils, wie sie modellhaft von Carl Philipp Emanuel Bach in seiner Klavierschule «Versuch über die wahre Art das Clavier zu spielen» (1751) beschrieben wurden.

Das Andante amoroso des zweiten Satzes – eine einmalige Vortragsangabe in Mozarts Werk –, das als einleitende thematische Substanz einen ab- und aufsteigenden Intervallzug aus den schlechthin konsonierenden «Liebes-Intervallen» Terz (abwärts T. 1–4) und Sext (aufwärts T. 5/6) benutzt, fordert gleich zu Beginn (T. 2 und 4/5) mit Crescendo und Decrescendo eine Übergangsdynamik ein, die wohl auf das Hammerklavier als angedachtes Instrument verweist. Erneut kennzeichnet den Satzverlauf eine sonatenhauptsatzartig gebundene Reihung unterschiedlicher (amouröser) Motive und Figuren in meist dialogischer Vernetzung und fast durchgehender dynamischer Kontrastierung: T. 9–11 piano/T. 12–14 forte/T. 15 piano bzw. in umgekehrter Anlage T. 16–18 forte/T. 19–23 piano/T. 24–28 forte. Dadurch entsteht der Eindruck eines spannungsreich geführten Gesprächs, dem sich auch die kurze, durchführungsartige Episode am Beginn des zweiten Teils (T. 47–58) anpasst, bevor sich eine figurativ-motivisch weitgehend präzis wiederholende Reprise mit improvisatorisch in Triolen diminuiertem Beginn (T. 59–65) anschließt. Dass innerhalb der Vielfachreihung trotzdem die Tendenz zu einem deutlich wahrnehmbaren zweiten Thema vorliegt, wird dadurch erkennbar, dass der auf der Dominante in B-Dur angesiedelte Block der Exposition dann in der Reprise nach der Tonika Es-Dur hingelenkt wird. Dieser Block beginnt ab T. 28 mit gestischen Drehfiguren in Dezimen und gewinnt dann ab T. 32 thematische Kontur in Viertaktigkeit, wobei der Oktavsprung nach oben wie zu Beginn in melodischer Skalenbewegung abwärts aufgefüllt wird. Das überleitende, ebenso sinnlich-emphatisch wie kurz gehaltene Doppelschlags-Motiv mit theatralisch-gestischen Nachschlägen – im ersten Teil ab T. 16 in der Tonika stehend – erscheint dementsprechend in der Reprise ab T. 74 in der Subdominante As-Dur. Trotz dieser harmonischen Erfüllung satztechnischer Grundprinzipien des erst später theoretisch festgelegten Sonatenhauptsatzprinzips bleibt darüber hinaus der Eindruck improvisatorisch gewonnener Reihungen wesentlich; keinesfalls wird ein absichtsvoll durchgeführter Nachvollzug formal-architektonischer Prinzipien angestrebt.

Die gestischen Andeutungen durch die kurzen Vorschläge im Andante – T. 17, 19, 24–25 in der Exposition, T. 75, 77, 79 und 84–85 in der Reprise – werden im Rondeau-Finale, das mit volkstümlich-dialogisierender Thematik eine unbekümmerte Frische entfaltet, als theatralische Elemente wieder aufgegriffen und in witzige Schlusswendungen verwandelt – z. B. in T. 17 nach mehrfach vorgeschalteten Wiederholungsfloskeln. Das Wiederaufgreifen im neuen Motivblock ab T. 18 erhöht die humorvolle Wirkung und lässt tatsächlich an bewegungsspezifisch gebundene, körperlich-haptische Impulse denken. Die gereihte Abfolge einfacher, volkstümlicher, meist mehrfach wiederholter kurzer Floskeln wirkt wie das gestische Gestaltungsarsenal spontan agierender und reagierender Figuren. So entsteht wie im ersten Satz die Szenerie einer Art instrumental entwickelter «commedia dell'arte». Daran ändert auch der einerseits in melancholischem Moll (T. 52) beginnende, dann übermütig-dramatisch weitergeführte (T. 60) und doppelt wiederholte Mittelteil zwischen T. 52 und 67 nichts, zumal er mit ebenso abrupt wie spontan einbrechenden verminderten Septakkorden (T. 65 und 68) schnell in eine Art Reprise rückgeführt wird. Zur grundsätzlichen buffo-Theatralität dieses Satzes passt eine gleichsam gattungs- und satztypübergreifende Gesamtdisposition: Kurze Einschübe aus dem Gestaltungsrepertoire von Konzerten – kadenz- bzw. eingangsspezifisch ab T. 43, hier sogar aus der taktmetrischen Bindung gelöst, bzw. ab T. 109, hier wiederum zu langen Abschlusstrillern in rechter (T. 114) und schließlich linker Hand (T. 119) führend – wechseln mit formalen Prinzipien eines Rondeau (Gliederung der Formteile: a – b – a – c – a usw.), aber auch eines Sonatenhauptsatzes. Vor allem das gassenhauerische Hauptmotiv begründet die Rondeau-Atmosphäre; gleichzeitig wird aber durch die latente Dreiteiligkeit mit Reprisencharakter die Aufmerksamkeit auch in Richtung Sonatenhauptsatz gelenkt. Wir haben so in diesem Finale die Realisierung eines ebenso freien wie spontan und übermütig wirkenden Klangspiels vor uns, das wie eine Theaterszene wirkt. Die Formprinzipien der reinen Instrumentalmusik werden phantasievoll durcheinandergewirbelt und bereiten, vom mehrfach wiederholten «Klangwink» der kurzen Vorschlagsgesten am Ende des Satzes getragen, einen entsprechend humorvollen «Abgang».

Sonate in Es-Dur KV 282

In der vierten Sonate geht Mozart nach der tempospezifischen Zuspitzung der Zyklusbildung in KV 280 einen Schritt weiter und verlässt den Rahmen konventioneller Sonatenkomposition seiner Zeit: Einerseits beginnt diese völlig ungewöhnlich mit einem ersten Satz in ausdrucksvollem Adagio anstelle eines schnellen Kopfsatzes, andererseits verweist sie mit zwei Menuetten in der Mitte auf ein rückblickendes, frühklassisches Formkonzept von Sonaten, die man teilweise noch als «Partiten» bezeichnete und beispielsweise in einigen frühen Werken von Joseph Haydn wiederfindet. Zwar hat sich das Menuett prinzipiell als Bestandteil des Sonatenzyklus bis in das Beethoven'sche Œuvre erhalten, nicht jedoch als Aneinanderreihung mehrerer Tanzsätze wie in unserem Fall, auch wenn sich diese zueinander latent wie Menuett und Trio verhalten. Zugleich verraten die beiden Sätze innerhalb eines leicht antiquierten Duktus einen ironisierenden Tonfall, der mit der nochmals heraufbeschworenen Tradition spielerisch-distanziert umzugehen scheint; im Menuett II, das zur Wiederholung von Menuett I «da capo» rückführt, kippt der Charakter geradezu in eine launige Behäbigkeit, die fast einen süffisanten Ton anschlägt. Aber auch die merkwürdig gestauchte Motivik von Menuett I, die nach punktiertem Viertel-Auftakt allzu schnell zu versacken scheint, als könne sie nicht vollständig erinnert werden (T. 1/2), sowie der verfremdend in absteigenden Sekunden verlaufende Akkordzug in arpeggiertem Forte zu Beginn des zweiten Teils (T. 13/14) wirken wie verstörende Irritationen. Man kann kaum umhin, hier eine frühe Tendenz zu einer Art klassizistischer Verfremdung zu bemerken, die in beiden Sätzen von einem leicht ironischen Rückblick getragen sein könnte. Zugleich formulieren die beiden Menuette aber auch erneute Varianten innerhalb der nahezu unbegrenzt erscheinenden Spielarten seit Joseph Haydn, bei denen von jeher Humor und Witz eine zentrale Rolle spielten – man könnte die Auseinandersetzungsgeschichte mit Menuetten fast als kompositorischen Gesellschafts-Sport beschreiben.

Adagios als Eingangssätze von Sonatenzyklen sind bislang höchst selten anzutreffen – einige wenige Beispiele findet man wiederum bei Joseph Haydn, z.B. in der ebenfalls in Es-Dur stehenden Sonate Hob. XVI:16 und bei Johann Christian Bach in der Sonate op. 5 Nr. 6 in der Paralleltonart c-Moll. Auch das Formkonzept dieses langsamen Kopfsatzes bekräftigt den Konventionsbruch: Weder eine liedhafte Dreiteiligkeit noch die durchaus auch in langsamen Sätzen mögliche Sonatenhauptsatzform mit ihren konstitutiven Bestandteilen in dreiteiliger Abfolge wird realisiert, sondern ein besonderer Verlauf einer variiert wiederholten Zweiteiligkeit mit kurzer Coda: T. 1–15/T. 16–33/T. 34–36. Zunächst scheint das feierlich im Forte schreitende Hauptmotiv (T. 1–4) expositionsartig einem kantablen zweiten Thema ab T. 9 – zunächst im Piano gehalten – Platz zu machen. Kleine Erweiterungen und variierende Umspielungen zu Beginn des zweiten Teils, die aus dem ursprünglichen Viertakter einen Sechstakter machen (T. 16–21), könnten ebenso wie der auffällige Beginn durch die überraschende Setzung eines verminderten Dreiklangs (T. 16) zumindest durchführungsartig gelesen werden; sie führen jedoch ab T. 22 allzu schnell in die Überleitungen des ersten Teils sowie ab T. 27 zum zweiten Thema, jetzt reprisengerecht auf der Tonika Es-Dur, zurück, so dass doch der Charakter einer variierten Wiederholung gegenüber den Merkmalen einer Durchführung dominiert. Deutlich wird allerdings auch eine formteilübergreifende Tendenz des Mozart'schen Komponierens, die den Wiederholungscharakter mit durchführungsartigen Elementen durchsetzt. Auf höchst ungewöhnliche Weise greift dann die dreiteilige Schluss-Sequenz, von Mozart selbst als «Coda» bezeichnet, erneut das erste Thema auf, wohl um einen tatsächlich reprisenartigen Schluss nach dem Vollzug einer variierten Wiederholung zu setzen; darüber hinaus wird ein formales Gegengewicht zum verarbeitenden Beginn des zweiten Teils ab T. 16 gesetzt. Der Affektwechsel zwischen ruhiger Gelassenheit und kantablem Espressivo innerhalb der beiden Formteile wird so grobformal durch die prinzipielle Zweiteiligkeit äußerlich bestätigt. Gleichzeitig fließen jedoch in spielerischer Freiheit Gestaltungselemente eines eigentlich dreiteiligen Sonatenhauptsatzes mit ein. Diese selbstverständlich und beiläufig entfaltete Polyvalenz muss erneut weniger als konstruktiv beabsichtigtes, architektonisches Konzept begriffen werden, als vielmehr im spielerischen Sinne als Ausfluss phantasievoll entdeckter Freiräume während des Kompositionsprozesses.

Wie in KV 281 beschließt ein Allegro-Finale den Sonatenzyklus, das mit volkstümlich-dialogisierender Thematik eine energetisch aufgeladene Frische entfaltet. Der erneut buffonesk-szenisch wirkende Wechsel von gestischen Tonrepetitionen und Oktav-Abständigkeit in Kurz-lang-Rhythmik (T. 1/2) sowie die nachfolgenden, beiläufig reagierenden schnellen Umspielungsfiguren in durchlaufenden Sechzehnteln (T. 3/4) lösen eine kontrastreich-spielerische Bewegungsdramaturgie aus, die nur nebenbei auch Grundbedingungen eines Sonatenhauptsatzes erfüllt: Ein zweiter Themenblock erscheint in der Exposition ab T. 19 auf der Dominante B-Dur, es folgt eine mit übermütiger Sequenzreihung ausgestattete Durchführung (T. 40–61) und eine anschließende Reprise, die tatsächlich regelkonform das zweite Thema in der Tonika Es-Dur erscheinen lässt. Spontan wirkende Gestenreihungen, dynamische Kontraste sowie schnelle Figurenwechsel bezeichnen jedoch das eigentlich Wesentliche des Satzverlaufs, der äußerlich erneut von einem Gerüst annähernd erfüllter Sonatenhauptsatzprinzipien zusammengehalten wird.

Sonate in G-Dur KV 283

Mit dem ersten Satz dieser Sonate tritt erstmals ein Satztyp in Mozarts Œuvre in Erscheinung, der im späteren Werk immer wieder vorzufinden ist: ein sogenanntes «Singendes Allegro», das wohl am ausgeprägtesten im Kopfsatz der Sonate in B-Dur KV 333 verwirklicht wurde. In relativ gemäßigter Geschwindigkeit erscheinen diese Kopfsätze als eine Art Beschleunigung eines kantablen Andante-Typus, wie wir ihn bereits im zweiten Satz von KV 279 erkennen konnten, aber auch im nachfolgenden Andante dieser Sonate vor uns haben. Dialogisierende Gesanglichkeit verbindet sich bei diesen langsameren Satztypen mit erzählender Gestik zu einer Gestaltungsform, die auf die Sonatenproduktion des galanten Stils, vor allem eines Johann Christian Bach Bezug nimmt und letztlich auf italienische Vorbilder rückverweist.

Für die Zyklusbildung von KV 283 bedeutet dies, dass sich die Charaktere der ersten beiden Sätze stark annähern und erst das finale Presto einen deutlichen Gegensatz markiert. Der dialogisierende, mit kleingliedriger motivisch-gestischer Abwechslung arbeitende Erzählfluss des «Singenden Allegro» prägt sowohl das Kopfthema (T. 1 ff.) wie das erste Seitenthema auf der

Dominante (T. 23 ff.). Er wird nur von figurativ weiträumig sich entfaltenden Überleitungsteilen (z. B. T. 17 ff.) sowie einem kontrastreicheren weiteren Themenblock, erneut auf der Dominante ab T. 31, unterbrochen. Doch auch dieser greift die grundsätzlich dialogisch geführte Motivstruktur des ersten Themas in leicht dramatisierter Form auf; hierfür könnte eine wechselseitig sich unterbrechende Gesprächssituation Modell gestanden haben – vor allem T. 31–33 mit kurzgestischem Wechsel zwischen Piano und Forte –, die eine erregte Art von Rede und Widerrede zur Grundlage hat. Am Ende tritt überraschenderweise das zunächst kontrapunktisch geführte (T. 45/46), später mit nachschlagenden Begleitfiguren versehene (T. 48/49) Thema aus T. 23 nochmals auf, um erst dann zu einer kurzen Schluss-Coda (T. 51 ff.) weiterzuleiten. Somit ergibt sich ein vielfach differenzierter, von zwei Grundmotiven ausgehender Großblock (T. 23–53); dieser folgt dem aus Kopfthema und Überleitungsfiguration bestehenden ersten Formteil (T. 1–22), welcher durch eine Generalpause in T. 22 deutlich abgetrennt ist. Diese latente, fast taktgleich gestaltete Zweiteilung innerhalb der halbwegs erfüllten Expositionsregeln wirkt erneut wie ein äußerliches Gerüst für ein sich entwickelndes, dialogisch-erzählendes Innenleben, das selbst die kurze Durchführung, ab T. 62 mit einer neuen motivischen Geste versehen, nur fortzusetzen scheint. Durch formale Gliederung entsteht so ein Möglichkeitsspielraum für motivisch-gestische Spontaneität; die Entwicklungen repräsentieren weniger ein architektonisches Konzept, das in strukturbetonten Beziehungen gründet – wie etwa im Sonatenkonzept Haydns oder Beethovens dominierend –, sondern sie erzeugen durch die Darstellung instrumentaler Geschichten einen dramaturgischen Rahmen. Zwei neue Motivkomplexe, die erstmals in der Durchführung auftauchen und diese allein bestreiten (T. 45–61/62–68) bestätigen die phantasiegesteuerte Offenheit und Freiheit eines Verlaufs, der sich jederzeit Assoziationen und neuen Gedanken im fortlaufenden, primär gesanglichen Erzählduktus öffnet.

Das Andante in C-Dur setzt den dialogisch-kantablen Erzählfluss des ersten Satzes gleichsam monologisch fort, erneut eingebunden in Prinzipien der Sonatenhauptsatzform; das zweite Thema erscheint ab T. 9 auf der Dominante, jedoch ohne weitergehende Kontrastierung – selbst die durchlaufenden Begleit-Sechzehntel der linken Hand in Albertibass-Manieren bleiben erhalten. Auffällig ist allerdings die plötzliche Verlaufsstörung in T. 13: Auf der zweiten Zählzeit steht eine Achtel-Generalpause mit Fermate, die den fortlaufenden Erzählstrom bricht und überraschend einer abschließenden figurativen Coda Platz macht. Deren dissonant-chromatische Schlusswendung mit Dreiklangsbrechung im Septabstand (T. 14, zweite Takthälfte) leitet zur Durchführung ab T. 15 über, die schließlich das Hauptthema in Moll vorstellt (T. 16), jedoch schnell nach C-Dur zurechtgerückt wird (T. 18) und sich einer polyphonen Kopplung mit Überleitungsfiguren ab T. 19, zweite Takthälfte, öffnet. So wirken die überraschenden Coda-Elemente wie ein Scharnier, das einerseits abschließt bzw. zur Wiederholung des ersten Teils zurückführt und andererseits zum eigentlichen Beginn der Durchführung mit dem Hauptthema in Moll weiterleitet. Vor dem Auftreten des zweiten Themas in der Reprise, erneut regelkonform auf der Tonika in C-Dur (ab T. 32), erscheint wieder einmal ein neues und eigenes Thema auf der Subdominante in F-Dur (T. 28), das zwar einerseits den durchlaufenden Sechzehntel-Begleitsatz mit fortspinnender Oberstimmenführung beibehält, dennoch andererseits einen zusätzlich modifizierenden «Gedanken» in den Erzählfluss einbringt – normalerweise ereignet sich dies im Durchführungsbereich, hier jedoch erstaunlicherweise als Bestandteil des Reprisen-Vollzugs.

Erneut haben wir im gesamten Ablauf dieses Satzes ein konventionelles formales Gerüst vor uns, das einen monologischen Beziehungszauber in assoziativer Offenheit und Vielfalt zulässt – fast wie ein instrumentaler Bühnenraum, der einer Präsentation dient. In der eigentlichen Coda, die wiederum sehr kurz ausfällt, wird in den letzten beiden Takten das Hauptthema des vollzogenen «Berichts» nochmals wie ein abschließender kurzer Rückblick akzentuiert.

Auch im sonatenhauptsatzartigen Finale taucht, analog zum ersten Satz, ab T. 103 ein neues Durchführungsthema in kontrastreich-dramatischer Gegenüberstellung auf, das periodisch in klar abgesetzter Viertaktigkeit im Piano bzw. Forte gefasst ist. Damit wird eine theatralische Durchführungs-Szenerie eröffnet, die in vielfachen instrumental-figurativen Entwicklungszügen (z. B. ab T. 123) und abrupten Gegenüberstellungen (z. B. ab T. 132) wie selten einen direkt sprechenden Charakter annimmt. Dieser verweist auf einen traditionsreichen Satztyp mit weitläufiger Geschichte, der inhaltlich auf belebte Jagdszenerien Bezug nimmt; seit seinem ersten Auftreten im 14. Jahrhundert in Frankreich als «chasse» bzw. in Italien als «caccia» bezeichnet, findet er sich immer wieder in Vokal- und Instrumentalmusik, meist, wie auch in unserem Fall, in schnellem Drei-Achtel-Takt gehalten und ausgestattet mit vielfältigen Topoi einander nachjagender bzw. sich verfolgender Gestaltbildungen.

Die beiden Hauptthemen der Exposition – T. 1 ff. in G-Dur und T. 41 ff. in D-Dur – weisen eine gewisse Kontrastbildung zwischen geschwinder und zielgerichteter Ausgelassenheit sowie kantabler Lyrik auf und werden ab T. 25 durch eine in durchlaufenden Sechzehnteln, zwischen linker und rechter Hand alternierende, sich gleichsam verfolgende Überleitungsvirtuosität verbunden, die noch einmal von fern an cembalospezifische Figuren erinnert. Danach schließen sich ab T. 56 in kurzen Abständen schnell wechselnde weitere Motivgesten an, die erneut spontane, spannungsreiche Ablösungen innerhalb der kalkulierten Umsetzung von Sonatenhauptsatzprinzipien entwickeln. Die mit zwei arpeggierten, achtstimmigen Akkorden im Dominant-Tonika-Abstand lapidar schließende Coda könnte wie ein abrupt eingesetzter Schlussvorhang gelesen werden, vielleicht sogar wie zwei finale Schluss-Salven, die die buffoneske Jagdszenerie kurz und bündig zu einem überraschenden Ende bringen.

Zugriff auf Virtuosität und große Form: Sonate in D-Dur KV 284

Nach der Verschärfung der zyklischen Verhältnisse in KV 280 und der Modifikation der Zyklusbildung in KV 282 bricht diese Sonate noch entschiedener mit Gestaltungskonventionen der

Gattung. Schon der Beginn des ersten Satzes mit einem arpeggierten Akkord in der Grundtonart, der einem sinfonischen Tuttischlag entspricht, und einem antwortenden oktavierten Unisono deutet an, dass es sich um ein erweitertes Formkonzept in Richtung sinfonischer Dimensionen handelt. Tatsächlich übersteigen die weiträumigen Proportionen der Themenblöcke die bisherigen Relationen entschieden, zudem finden sich vielfach Klangfigurationen, die an orchestrale Flächenbildungen erinnern. Besonders auffällig tritt dies im Überleitungsteil ab T. 13 in Erscheinung: Die Tremolo-Flächen der rechten Hand sowie die dreiklangsgebundenen harmonischen Ausschreitungen der linken in Oktaven vermitteln ein Satzbild, das dem Klavierauszug einer Sinfonie durchaus ähnelt. Generell scheint erstmals mit größerer Nachhaltigkeit ein beabsichtigtes architektonisches Konzept im Verlauf dieses Sonatenhauptsatzes zu greifen. Die Vielfalt an thematischem Material wird in breit angelegte formale Blöcke eingebunden, die in ihrer Aneinanderreihung in der Tat an ein klangliches Bauwerk erinnern. Schon im ersten Binnenteil (T. 1–12) erscheinen drei motivisch differenzierte Felder im Tonika-Dominant-Tonika-Verhältnis. Auf dieser Basis wird die Abfolge eines korrespondierenden Frage- und Antwort-Prinzips (T. 1–3), einer Fortspinnung mit kontrastreicher Vorhaltsetzung (T. 4–7), einer figurativen Überleitung (T. 7/8) und abschließend einer kantablen Melodiefloskel (T. 9–12) realisiert. So entfaltet sich der erste Themenblock des im Ganzen wiederum erkennbaren Sonatenhauptsatzes bereits als vielgestaltiges Konglomerat, das selbst im Kleinen wie eine gesetzte Verhältnismäßigkeit von Themen, Überleitung und harmonischer Absetzung, mithin wie ein Sonatenhauptsatz en miniature wirkt. Die weiträumige Blockbildung mit differenziertem Innenleben bleibt auch ab Beginn des zweiten Themas (T. 22 ff.) erhalten, das nach dem Prinzip kantabler Fortspinnung mit repetierendem Begleitsatz einen deutlichen Kontrast zur Gegenüberstellungsgestik des Beginns formuliert. Die ganz auf figurative Virtuosität angelegte Durchführung ab T. 52 mit charakteristischem Überschlagen der Hände bringt erneut einen frischen Motivkern mit Quart- und Tritonus-Umspielungen, abwechselnd oben und unten, ein; die spielerische Gestik und spontan wirkende Theatralität werden allerdings in harmonische Verlaufskonzepte eingebunden, die mit Sequenzen und Rückungen arbeiten und einen entwicklungskonzeptionellen Rahmen erkennen lassen. Jetzt sind verstärkt formal-architektonische Intentionen über die instrumentalspezifische Szenerie hinaus als weitere Grundlage der Entwicklungen erkennbar.

Äußerlich besonders auffällig wirkt das Andante des zweiten Satzes: Zwar finden sich gelegentlich stilisierte Tanzsätze in der Mitte von Sonaten – bei Mozart hatten wir den Fall bereits in KV 282 –, dennoch ist ein «Rondeau en Polonaise» eine nahezu exotische Besonderheit, die sich auf den schreitenden Rhythmus der im Spätbarock durchaus modischen Polonaise rückbezieht. Der überaus verzierte, geradezu gekünstelt vielfältige Satzverlauf könnte erneut als eine Art verfremdender Rückblick begriffen werden, dessen offensichtliche Elaboriertheit eine gesuchte Nähe aus der Distanz anstrebt. Einen Rondeau-Verlauf als Polonaise am Ort des mittleren Satzes erscheinen zu lassen, stellt generell einen einzigartigen Fall vor, der von fern an kompositorische Strategien erinnert, wie wir sie dann ab den 20er Jahren des 20. Jahrhunderts im Neoklassizismus beispielsweise eines Igor Strawinsky wiederfinden.

Ein Vergleich zwischen Autograph und späterem Erstdruck, den Mozart mit großer Wahrscheinlichkeit korrigierte und modifizierte und der deshalb besondere Relevanz beanspruchen darf, bestärkt den Eindruck einer entsprechenden ästhetischen Absichtlichkeit: Die verschriftlichte Verzierungsdichte nimmt nochmals zu und führt schließlich im finalen Variationssatz über ein eigenes Thema mit XII Variationen sogar zu faktisch alternativen Versionen – besonders offensichtlich im Adagio der Variation XI des Finales, das kritische Editionen in beiden Fassungen wiedergeben. Die ornamentale «Verkünstelung», die der Komponist offensichtlich von der autographen Fassung bis zum Erstdruck steigerte, deutet hierbei einen strukturell-variativen Brechungshorizont an, in dem sich diese Sonate zwischen entwicklungsgeschichtlichen Phasen des Mozart'schen Komponierens befindet. Einmal mehr zeigt dieses Beispiel über Einsichten in Mozarts eigene Verzierungspraxis hinaus, wie relativ der festgelegte, notierte Text gelegentlich anzusehen ist. Der Interpret muss bei Mozarts Musik, vor allem bei langsamen Sätzen, den Mut dazu haben, über die vorliegende Verschriftlichung hinaus gewisse Freiräume zuzugestehen und auszufüllen, will er sich tatsächlich im Sinne Mozarts bewegen.

Die figurativ sich beschleunigenden Variationen I–IV des Finales reagieren auf ein Hauptthema, dessen Verlaufsschema merkwürdig unregelmäßig, innerhalb seiner regulären Achttaktigkeit intern verschoben wirkt – fast wie absichtlich gestaucht; danach wird dem Prinzip sich abwechselnder Charaktervariationen Platz gemacht, die schließlich im expressiv durchgearbeiteten Adagio cantabile der Variation XI kulminieren; die nachfolgende Allegro-Variation wirkt dann fast wie ein selbständiger, kurzer Finalsatz. Trotz seiner konzeptionellen Einbindung in einen Sonatenzyklus – Vorbilder hierfür gibt es erneut bei Joseph Haydn und Johann Christian Bach – wäre es aufgrund der umfangreichen und differenzierten Disposition des gesamten letzten Satzes durchaus denkbar, diesen auch als für sich stehenden Variationszyklus vorzustellen; das wäre beispielsweise im Fall der Sonate in A-Dur KV 331 undenkbar, in welcher der Variationssatz am Beginn des Zyklus steht und eine deutlich wahrnehmbare initiale Funktion erfüllt. Andererseits wird gerade mit diesem weitläufigen Finale erneut der Wille des Komponisten zur Konzeption einer großangelegten Sonate deutlich, die zugleich eine Art Summe der ersten Klaviersonaten-Produktion formuliert, wie sie auch als Vorgriff auf neue Entwicklungen zu gelten hat. Zu letzteren gehören sicherlich auch die weiter getriebene Virtuosität, die unter anderem auch auf den Widmungsträger Graf von Dürnitz, der durchaus ein geübter Pianist war, zurückzuführen ist. Auch die instrumental-klanglichen Erweiterungen der sinfonischen Gesamtkonzeption, die unmissverständlich eine verstärkte Affinität zum moderneren Hammerklavier verraten, sind hier zu nennen; Mozart selbst hat dies in einer bereits zu Beginn dieses Kapitels zitierten brieflichen Bemerkung bestätigt. Schon die differenzierten Artikulationsbezeichnungen zu Beginn des ersten Satzes, kombiniert mit fortlaufender dynamischer Kontrastierung, weisen in diese Richtung. Damit rückt das Cembalo als zentrales Instrument der Aufführungspraxis am Ende der Produktion der ersten sechs Klaviersonaten zumindest in die zweite Reihe.

Zweite Phase

Präzise Charakterisierungskunst und formale Souveränität: Sonaten aus Mannheim und Paris

Innerhalb einer entwicklungsgeschichtlichen Differenzierung der Mozart'schen Klaviersonaten, die versucht, größere, stilistisch begründete Zusammenhänge herzustellen, steht eine erste frühe Phase mit den Sonaten KV 279–283 einerseits und eine dritte letzte, beginnend mit der Phantasie und Sonate in c-Moll KV 475/457, weitgehend außer Frage. Allerdings werfen die Randzonen zur dazwischenliegenden mittleren Phase Probleme auf, die nicht eindeutig zu lösen sind und darüber hinaus Mozarts kontinuierlich fließende, stilistisch letztlich nicht eindeutig abzugrenzende Schaffensweise bestätigen. Schon die Sonate in D-Dur KV 283 musste aufgrund ihrer erweiterten formalen Dimensionen innerhalb der sechs frühen Sonaten insoweit auffallen, dass sie zumindest auch als Übergangswerk zu einem veränderten Sonatenkonzept zu begreifen ist, das dann die Mannheimer Sonaten KV 309 und 311 aufgreifen und konzentrieren. Diese Werke wiederum können durchaus noch in einen größeren Kontext der frühen Stilistik einbezogen werden, der dann endgültig erst mit der in Paris entstandenen Sonate a-Moll KV 310 verlassen wird. Ähnliches gilt für den Übergang zum Spätstil: Fantasie und Sonate in c-Moll KV 475/457 können sowohl als kontrastreiches Finale der mittleren Phase wie als dramatischer Durchbruch zum Spätwerk gelesen werden. Je nach Blickpunkt und Perspektive ergibt sich somit eine ausgedehntere mittlere Phase zwischen KV 309 und KV 475/457 – also zwischen 1777 (Mannheim) und 1785 (Wien) – oder eine kürzere zwischen KV 310 und KV 333 – also zwischen 1778 (Paris) und 1783 (Linz) –; auch Kombinationsmöglichkeiten wie die zwischen KV 309 und 333, die hier gewählt wurde, sind dabei nicht ausgeschlossen. Es scheint ein Charakteristikum der Mozart'schen Produktionsästhetik zu sein, einerseits zwar deutliche stilistische Veränderungen zwischen Werken anzuzeigen, den Weg dorthin jedoch eher zu verschleiern bzw. eindeutige Umbrüche zu vermeiden. Vielmehr treten auffällige, aus dem Rahmen fallende Stücke als individuelle Einzelfälle auf, so beispielsweise die Werke an den Randzonen KV 310 und KV 475/457 – beide sicherlich nicht zufällig in Moll stehend –, deren singuläre Werkkonzeptionen darüber hinaus auf ganz allgemeine stilistische Veränderungen hinweisen. Die formenreiche Flexibilität allerdings, in der diese Entwicklungen sich vollziehen und die kaum trennscharf in der kompositorischen Faktur festzumachen ist, verweist einmal mehr auf die vegetativ-spielerische Vieldeutigkeit des Musikdramatikers und Klang-Lebenskünstlers, auch auf dem Gebiet der Instrumentalmusik.

Sonate in C-Dur KV 309

Einen sinfonischen Anspruch scheint dieses Werk, das 1777 fast drei Jahre nach den frühen Münchner Sonaten in Mannheim entstand, gleich zu Beginn des ersten Satzes aufzugreifen. Der klar gegliederte Sonatenhauptsatz stellt im ersten Thema zwei orchestral anmutende Unisono-Takte in dramatisch herausforderndem Forte (T. 1–2: Allegro con spirito) einer melodischen Phrase gegenüber, deren gestische Kleingliedrigkeit (T. 3–5) in Überleitungsfiguration mündet (T. 6–7), bevor der Themenkopf wiederholt wird. Wir haben hier einen für Mozarts kleinformale Konzeptionen charakteristischen Siebentakter vor uns, der selbst aus der Aneinanderreihung kontrastierender Kleinphrasen besteht, allerdings eben in unregelmäßigen Taktverhältnissen (2+3+2) anstelle eines konventionellen Achttakters (4+4). Die Irregularisierung der traditionellen Korrespondenzen, die sich nach der Wiederholung in vielfältigen, phantasievoll-spielerischen Varianten fortsetzt, tritt dabei nicht vordergründig auf, erscheint vielmehr beiläufig – nicht zuletzt aufgrund der klaren großformalen Verhältnisse, in die sie eingebettet ist: Ab T. 21 beginnt ein Überleitungsteil, ab T. 33 ein deutlich abgesetztes zweites Thema und ab T. 54 erscheint eine im «subito piano» einsetzende Coda. Dennoch verleiht vor allem der ebenso vielgestaltige wie in sich fluktuierende erste Themenblock (T. 1–20) dem Sonatensatz seine flexible Lebendigkeit und freie Offenheit, die sich innerhalb der prinzipiell gültigen gerüsthaften Struktur entwickelt. Der mehrfach gestaffelte zweite Themenblock (ab T. 33) erfüllt dann weitgehend prototypisch, wie ein kalkuliertes Gegengewicht, die konventionellen Zweitaktgliederungen und ihre regelhaften Korrespondenzen. Wie ein erneuter Ausbruch erscheint allerdings jetzt die Dynamik, die im ersten Teil eher weiträumig-blockhaft gesetzt war, jetzt mit Übergangstendenzen versehen ist – gleich zu Beginn des zweiten Teils mit crescendo (T. 33–34) und scharfen Kontrastierungen (T. 48–49, mit piano-forte-Ablösungen im Viertelabstand). So entsteht ein faszinierendes Spannungs- und Dialogverhältnis zwischen Regelmäßigkeit und Unregelmäßigkeit, das sich über die Exposition hinaus für den ganzen Sonatenhauptsatz als konstitutiv erweist. Mozarts freier Umgang mit Korrespondenzen und Perioden entfaltet als Grundlage eines formal souverän gestalteten Prozesses eine prinzipielle Dialogstruktur, welche das motivische Gestenspiel im Detail auf die Ebene einer großformal-dramaturgischen Strategie hebt; die kontrastierende Vielfalt im Einzelnen spiegelt sich in der Gegenüberstellung von unterschiedlichen Blockbildungen im Ganzen.

Ein zyklisches Gegengewicht zur kunstvollen Heteronomie des ersten Satzes bildet das finale «Rondeau», ein Allegretto grazioso, das scheinbar beiläufig-schlicht beginnt und dann zu überraschend weiträumig-virtuosen Figurationen findet – ein charakteristisches Mozart'sches Satzprinzip für Finale, das, meist in Rondoform gehalten, aus dem «understatement» einer kindlich-volksliedhafter Thematik zu instrumentaltechnisch wie kompositorisch herausfordernden Entwicklungen führt. Der Mittelsatz enthält mit «Andante un poco adagio» eine ungewöhnliche Vortragsbezeichnung, die wohl anzeigen soll, dass es sich ausnahmsweise nicht um ein flüssiges «Gehen» handelt, sondern ausdrücklich ein gewisser «sostenuto»-Charakter im Grundthema vorgesehen ist. Diesen fordern offensichtlich die weitgehend dominierenden, sehr kurzen Notenwerte (Sechzehnteltriolen und Zweiunddreißigstel) innerhalb des Satzverlaufs ein, die mit zum Teil scharf gegeneinander geführten dynamischen Absetzungen eine kontrastreiche Expressivität erzeugen. Dieser Satz repräsentiert eine eher selten anzutreffende affektive Zwischenposition, die die Intention einer gesteigerten Individualisierung über gängige Satztypen hinaus erkennen lässt – eine Tendenz, die sich im Spätstil verstärkt entfalten wird. Die Präzision charakterlicher Darstellung im Medium der Instrumentalmusik aus dem Geist des Musiktheaters erschließt neue Gestaltungs- und Ausdrucksbereiche und lernt auch Zwischentöne einzubeziehen. Mozart scheint sich dieses ambivalenten Sachverhalts bewusst gewesen zu sein, wenn er ausdrücklich festhält, dass dieses Andante gerade «nicht geschwind gehen muß» (Brief vom 6. 12. 1777). Darüber hinaus vermerkt er anlässlich der Einstudierung des Werks: «das Andante wird uns am meisten mühe machen; denn das ist voll expreßion, und muß accurat mit dem gusto, forte und piano, wie es steht, gespiellt werden» (Brief vom 14. 11. 1777).

In diesem gern als «Cannabich-Sonate» bezeichneten Werk lassen sich auf besondere Weise Entstehungs- und frühe Aufführungsgeschichte nachverfolgen: Als ständiger Gast im Haus des Hofmusikers Christian Cannabich – Mozart befand sich 1777 auf der Reise nach Paris, die er über Gebühr einige Monate unterbrach – komponierte er das Werk für dessen Tochter, «die ganz artig clavier spiellt» (Brief vom 4. 11. 1777). Daran schließt sich eine rege Korrespondenz an, die uns in ihrer Detailliertheit ein seltenes Dokument zur Werkgeschichte liefert. Allerdings existiert kein Autograph der Sonate, sondern nur eine Abschrift Leopolds aus Salzburg, dem der Erstdruck von 1781 allerdings nur weitgehend folgt, so dass sich auch hier kleine Varianten in der Textüberlieferung ergeben, die vom Interpreten Entscheidungen fordern. Man kann davon ausgehen, dass die Persönlichkeit Rosa Cannabichs, der sich Mozart in Mannheim freundschaftlich verbunden fühlte, eine gewisse Rolle für die Gestaltung der Musik, vor allem des ungewöhnlichen Andante, spielte: «ich will es ganz nach den Caractére der Mad:selle Rose machen» (Brief vom 6. 12. 1777). Andererseits wollte er aber auch dem Mannheimer Geschmack Genüge tun, was schon seine Schwester Maria Anna bemerkte: «man kennet es, das du sie in Manheim componirt hast» (Nachschrift zum Brief Leopolds vom 8. 12. 1777) – und drei Tage später: «Sie hat was vom vermanierierten Manheimer goût darinne, doch nur so wenig, daß deine gute Art nicht dadurch verdorben wird». Die beschriebenen ausgetüftelten Besonderheiten, die vielfachen Verzierungen und eine auffällige Kleingliedrigkeit des melodischen Verlaufs im Ganzen der Sonate könnten diese Bemerkung des Vaters veranlasst haben. Sie verdeutlichen jedenfalls einen weiteren entwicklungsgeschichtlichen Sprung im Mozart'schen Sonatenwerk, der über die offensichtlichen Weitungen der drei Jahre zurückliegenden «Dürnitz-Sonate» KV 284 hinaus in eine neue, stilistisch sich internationalisierende Welt führt, die dann in Paris eine weitere Dimension hinzugewinnt. Dass er den Mannheimer Geschmack tatsächlich traf, mag eine weitere Briefstelle an den Vater belegen: «ich habe wie ich das erste Allegro, und Andante geendiget hatte selbe hingebracht und gespiellt; der Papa kann sich nicht vorstellen was die sonata für einen beyfall hat» (Brief vom 4. 11. 1777).

Eine besondere Perspektive eröffnet eine weitere Briefstelle Mozarts, da sie relativ detailliert das Klavierspiel Rosas beschreibt und so Rückschlüsse über eigene Vorstellungen zulässt; auffällig ist vor allem die hervorgehobene Bedeutung einer stabil geführten linken Hand, die Mozart auch an anderer Stelle mehrmals reklamierte: «sie ist sehr geschickt, und lernt sehr leicht. die Rechte hand ist sehr gut, aber die lincke ist leider ganz verdorben. ich kann sagen daß ich oft sehr mitleiden mit ihr habe, wenn ich sehe, wie sie sich oft bemühen muß, daß sie völlig schnauft, und nicht aus ungeschicklichkeit, sondern weil sie nicht anderst kann, weil sie es schon so gewohnt ist, indemm man ihr es nie anderst gezeügt hat. ich habe auch zu ihrer Mutter und zu ihr selbst gesagt, daß wenn ich ietz ihr förmlicher meister wär, so sperrte ich ihr alle Musikalien ein, deckete ihr das Clavier mit einem schnupftuch zu, und liesse ihr so lang mit der rechten und lincken hand, anfangs ganz langsam, lauter Pasagen, Triller, Mordanten Ecetra: exerciren, bis die hand völlig eingericht wäre, denn hernach getrauete ich mir eine rechte Clavieristin aus ihr zu machen. denn es ist schade. sie hat so viell genie, sie liest ganz Paßable, sie hat sehr viel natürliche Leichtigkeit, und spiellt mit sehr viell empfindung» (Brief vom 14. 11. 1777). Kompositorisch scheinen diese Hinweise auf die gesteigerte Vielgestaltigkeit und Beweglichkeit der Unterstimmen hinzuweisen, die zweifellos seit den Münchner Sonaten zunahm und schon im ersten Satz erkennbar ist. So finden wir neben den traditionellen, Albertibass-ähnlichen Begleitfiguren zunehmend Repetitionen (z. B. T. 21 ff.) oder virtuose Figurationsgesten, die verstärkt in den dialogischen Prozess eingewoben sind und Begleitsatzfunktionen entschieden übersteigen (z. B. T. 43 ff.).

Offensichtlich führten die Bemühungen Rosa Cannabichs zuletzt doch zum erwünschten Erfolg, wie der geradezu enthusiastische Aufführungsbericht Mozarts, der sicherlich auch von einer besonderen Sympathie für die Person mitgetragen wurde, wiedergibt: «sie spiellte darauf ganz serieuse meine sonate; hören sie, ich konnte mich des weinens nicht enthalten. Endlich kammen auch der muter, tochter, und dem H: schatzmeister die thränen in die augen. denn sie spiellte just die sonata, und das ist das favorit vom ganzen haus» (Brief vom 10. 12. 1777).

Sonate in D-Dur KV 311

Einen speziellen Mannheimer «goût» bestätigt auch diese Sonate, das zweite dort verfasste Werk aus demselben Jahr 1777. Der entstehungsgeschichtliche Impuls liegt in diesem Fall zwar im Dunkeln, dafür existiert aber ein Autograph als zentrale Quelle. Auch hier finden sich kunstvolle Merkwürdigkeiten, die wohl dem ebenso entwickelten wie verwöhnten Geschmack der Mannheimer geschuldet sind. Beispielsweise werden an das eigentliche Ende der Exposition des ersten Satzes, das mit forte-Schlägen endet (T. 37), zwei merkwürdige Takt-Anhängsel im Piano (T. 38–39) geklebt, die zunächst als eher überflüssig verblüffen, dann aber zu Beginn der Durchführung als weitergesponnenes Material einen tieferen Sinn bekommen (ab T. 40). Hier zeigt sich einmal mehr Mozarts virtuoses Spiel mit dem Zuhörer, der kurz hintereinander irritiert und positiv überrascht wird – ein Kontext, der durchaus einer entsprechenden Theaterszene mit unvorhergesehenem Personenauftritt, der sich dann doch als angemessen erweist, entspricht. Auch die Überlappung des Hauptthemenschlusses mit dem Beginn der Themenwiederholung (T. 4, Zählzeit 1) formuliert eine überraschende Besonderheit: aus einem mit halbtaktigen Motivgesten in kleingliedriger Korrespondenz arbeitenden gedachten Viertakter (T. 1–4), der sich, konventionell wiederholt, zum Achttakter weiten würde, wird ein gestauchter Dreitakter gemacht und so eine sechstaktige Einstiegsperiode etabliert. Erst dann beginnt mit begleitendem Terzpendel und überleitenden Sechzehntel-Skalen der linken Hand ein kontinuierlicher Bewegungsfluss zwischen dem jetzt konsequent zweitaktig angelegten Verlauf mit einer Art «zweitem» ersten Thema (T. 7–10) und nachfolgenden, aus den Sechzehntel-Verbindungsfloskeln gewonnenen Überleitungsfigurationen (T. 11–16) – zwischen T. 10 und T. 11 wird der direkte Zusammenhang durch die Wiederholung der Skalenbewegung in D-Dur deutlich.

Erneut haben wir innerhalb dieses ersten Formteils den gezielten Wechsel zwischen motivisch-gestischer Kleingliedrigkeit in irregulären Verhältnissen (T. 1–6) und konventionell periodisierten Motiv- und Figurationszügen (T. 7–16) vor uns, den wir schon als Grundlage des Kopfsatzes von KV 309 beobachten konnten. Im Unterschied hierzu verbinden sich allerdings die auch innerhalb des zweiten Themenblocks (ab T. 17) weiterhin kleingliedrigen Motivgesten stärker zu zusammenhängenden thematischen Strukturen, die innerhalb des Dominantfeldes A-Dur eine bewegungsmotorische Beschleunigung von Achtel-Impulsen (T. 17–23) zu Sechzehnteln (ab T. 24) erfahren. Während im ersten Teil eine eher monologisch-fortgesponnene Diktion vorliegt, wird danach ein Dialogcharakter betont, was schon rein äußerlich durch die Abwechslung sich überschlagender Hände evoziert wird (T. 24 ff.). Die Durchführung arbeitet zunächst ausschließlich mit dem in den letzten beiden Expositions-Takten so überraschend eingeführten Vorhalt-Material und führt dementsprechend auffällig in T. 56–57 mit abgesetzten, kadenzharmonischen Akkordwendungen zum eigentlich zu bearbeitenden Expositions-Material zurück. Sie verläuft entschieden weiträumiger als im Schwesterwerk KV 309 und deutet damit auch eine gewisse Distanzierung von den Mannheimer Verkünstelungen an – Mozart geht erneut einen Schritt weiter, der ihn schließlich nach Paris führen wird.

Eine letzte, nicht minder überraschende Besonderheit liefert dann der Übergang zur und der Vollzug der Reprise: Nachdem sich der zweite Durchführungsteil ausgehend von Anteilen des zweiten Themenblocks mit vielfachen Sequenzen und übermütig virtuosen Figurationen entwickelte (ab T. 58), wird erstaunlicherweise nicht zum eigentlichen ersten Hauptthema zurückgeführt; zunächst wird der zweite Themenblock, jetzt regelkonform auf der Tonika D-Dur beginnend (T. 79), erneut etabliert, um dann erst in der Schlussphase, fast im Sinne einer Coda, das eigentliche Hauptthema nachzureichen – auch hier als zeitliche Überlappung mit dem Schlussakkord der Entwicklung zuvor eingeführt, der so zugleich Initialsignal wird (T. 99, Zählzeit 1). Mit diesen Details haben wir ein erstaunlich weitreichendes Beispiel dafür vor uns, wie Mozarts formale Souveränität ein freies Spiel selbst mit Basisgepflogenheiten, wie hier dem (verweigerten) Beginn der Reprise mit beginnendem Hauptthema, zulässt und so dramaturgisch gezielt eine rezeptionsästhetische Wirkung zwischen Erwartung und Enttäuschung herbeiführt; erneut könnten hierfür durchaus theaterspezifische Erfahrungen ins Blickfeld rücken, die jedoch ganz in das Formkonzept entwickelter Instrumentalmusik eingepasst wurden.

Auch das folgende Andante liefert mit seiner «con espressione»-Vorschrift keinen Mozart'schen Normalfall, sondern lässt weiterhin eine gewisse Mannheimer Anpassung erkennen, die schon, wie im langsamen Mittelsatz von KV 309, eine individuelle, elaborierte Expressivität und Verzierungskunst realisiert. Allerdings fügen sich auch in diesem Satz die kurzen Instrumental-Sprachgesten – teils mit schroffen Gegenüberstellungen (z. B. T. 3 oder T. 7) – zu weiträumigeren Bewegungszügen zusammen. Der Ablauf zeigt erneut eine weitergetriebene formale Souveränität, die sich vor allem als beherrschte Vielfalt und integrierte Polyvalenz erweist: So changiert der Satzverlauf zwischen Sonatenhauptsatz-Charakteristika mit einer geschrumpften, gleichwohl wiederholten Exposition (T. 1–11) und Rondeau-artigen Tendenzen – das Hauptthema taucht immerhin vier Mal auf, gelegentlich mit Verzierungen versehen (T. 1 ff., T. 39 ff., T. 61 ff., T. 75 ff.). Hinter diesen zunehmenden Öffnungen und Vernetzungen verbirgt sich jetzt in einem entschieden höheren Maße als in den sechs frühen Sonaten eine formspezifische Phantasie, die ein waches Interesse an strukturellen Dispositionen verrät.

Auch das übermütige finale «Rondeau», das tatsächlich einem wenn auch hochdifferenzierten Rondo-Formkonzept folgt, täuscht zu Beginn erneut eine tänzerische Einfachheit vor, die dann nicht eingehalten wird und sich unvorhergesehen zu virtuosen Figurationen verwandelt, die geradezu konzertante Züge annehmen. Diese werden dann tatsächlich durch die auskomponierte Positionierung eines «Eingangs» vor dem Schlussteil bestätigt (ab T. 172): Andante – Presto – Adagio im Duktus einer komprimierten Kadenz. Die motivisch-gestische Vielfalt und ihr subkutaner Beziehungsreichtum entfalten im Wechsel mit konzertanter Virtuosität weiträumige Tableaus, die das Gerüst der Rondoform eher zur äußerlichen Stabilisierung nutzen, als dass sie es in einem traditionellen Sinne erfüllen.

Die Zyklen der beiden Mannheimer Sonaten verraten so innerhalb ihrer je individuellen Gestaltung eine gewisse stilistische Zusammengehörigkeit, die letztlich mit den Eindrücken ihrer Entstehungs- und Aufführungsumstände eng verbunden ist. Der oft und immer wieder verbreiteten Meinung, Mozarts Produktivität hätte sich weitgehend unabhängig vom biographischen Kontext vollzogen, muss anhand dieser beiden Sonaten entschieden entgegengetreten werden: Sowohl Personen – im Fall von KV 309 besagte Rosa Cannabich – als auch Orte sowie darauf bezogene Erlebnisse modifizieren und differenzieren sein Schaffen, allerdings immer nur insoweit, dass die eigene «gute Art» nicht dadurch «verdorben» wird.

Pathos und Dramatik: Sonate in a-Moll KV 310

Im Falle dieser Sonate haben wir es zweifellos mit einem Solitär zu tun, der allerdings ähnlich wie die beiden Mannheimer Sonaten KV 309 und 311, nach denen sie unmittelbar komponiert wurde (1778) und als Erstausgabe in Paris erschien (1781), auf besondere Gegebenheiten dieser zentralen Musikstadt verweist und wohl erneut zugleich eine spezielle biographische Konstellation widerspiegelt. Mozart hatte erstmals eine Reise mit der Mutter allein unternommen – diesem Sachverhalt verdanken wir den dichten und aufschlussreichen Briefwechsel der Zeit mit dem Vater. Die ungewöhnliche Moll-Dramatik des Kopfsatzes wird in ihrer auffälligen Erstmaligkeit im Sonatenœuvre zumeist mit dem Tod der Mutter am 3. Juli 1778 in Verbindung gebracht – genauso wie die besonders verhangene Melancholie der ebenfalls in Paris entstandenen Klavier-Violinsonate e-Moll KV 304. Auch wenn keine direkten Zusammenhänge artikuliert wurden oder nachgewiesen sind, würde es zumindest seltsam erscheinen, wenn dieses letztlich viele bis dato gültige Grenzen und Konventionen tradierten Sonatenkomponierens sprengende Werk in seinem rabiaten Trotz nicht auf ein derart einschneidendes Ereignis bezogen würde, zumal weder ein Auftrag noch ein anderer entstehungsgeschichtlicher Impuls nachweisbar sind. So ist es quellenkundlich nicht einmal definitiv festzustellen, ob das Werk vor oder tatsächlich nach dem Tod der Mutter entstand. Ohne an dieser Stelle in eine unrechtmäßige Schaffenspsychologisierung verfallen zu wollen, soll dennoch vermerkt werden, dass es wohl außerhalb des Mozart'schen Charakters stand, verbal direkt oder gar ausladend seiner Trauer Ausdruck zu verleihen. Die eigentlich zu spät informierenden Briefstellen an den Vater weisen ebenfalls in diese Richtung. Vielmehr kam dafür wohl seine eigentliche Sprache, nämlich komponierte Musik, in Frage. Die in rebellischem Forte pochenden Drei- und Vierklänge gleich zu Beginn des ersten Satzes – in der linken Hand fast rüde auf vier Takte verteilt – sowie die trotzige Vorhaltsbildung und Punktierungsrhythmik des Themas verraten eine direkte Emotionalität, die selten derart unmittelbar in Mozarts Werken auftritt. Darüber hinaus könnte dieser ungewöhnlich exzessive, marschartige Beginn auf das Musiktheater Christoph Willibald Glucks verweisen, zumal auf dessen französische Tragödie «Armide», die 1777 großes Aufsehen erregte, als sie in Paris uraufgeführt wurde. Schon die

Ouvertüre beginnt mit einem rhythmisch-gestischen Initialimpuls im Sinne eines heroischen Eingangsmarsches, der eine erstaunliche Nähe zum Sonatenbeginn Mozarts zeigt. Zugleich scheint eine derartige Ausdrucksintensität bereits auf Beethoven und dessen frühe Werke in Moll vorauszuweisen – übrigens ähnlich den c-Moll-Werken KV 475/457. So ist es kaum übersehbar, dass der mögliche Beginn und das Ende einer zweiten Phase seines Sonatenkomponierens zwischen 1778 und 1785 von utopischen Durchbruchswerken charakterisiert sind, die über den «klassischen Stil» im engeren Sinne hinausweisen und wie Vorgriffe auf das 19. Jahrhundert wirken.

Vor allem die Durchführung im ersten Satz der a-Moll-Sonate, die in früheren Werken Mozarts nicht unbedingt das Zentrum des Sonatenhauptsatzes definierte – ja gelegentlich fast wie eine zu erfüllende Pflichtübung absolviert wurde, wie beispielsweise in der frühen B-Dur-Sonate KV 281 –, erhält mit scharfen Kontrasten zwischen Fortissimo und Pianissimo sowie extremen Dissonanzreihungen und -reibungen eine nahezu sinfonisch-dramatische Dimension (T. 50–79). Ihre sich unerbittlich vollziehende Entwicklung nach genau kalkuliertem Formkonzept kann durchaus als Spiegelbild einer unausweichlich sich vollziehenden Tragödie gelesen werden – erneut ein möglicher Hinweis auf das Gluck'sche Musiktheater. Merkwürdig mutet der Sachverhalt an, dass trotz der gesteigerten individuellen Expressivität dieser Kopfsatz dynamisch relativ spärlich bezeichnet ist; zweifellos sind sinnvolle Ergänzungen durch den Interpreten vonnöten, die sich allerdings weitgehend, wie ein selbstverständliches Forte am Beginn der Durchführung (T. 50), fast von selbst ergeben. Es könnte sein, dass der Komponist der Suggestivität der innovativen Satzfaktur insofern vertraute, als sich dynamische Differenzierungen generell aus dem Stück heraus erschließen; der gesamte, mehr figurativ als thematisch gehaltene zweite Themenblock in der Paralleltonart C-Dur (ab T. 23) und dessen weiträumige Entwicklungen, die bereits Durchführungstendenzen umsetzen (vor allem ab T. 28), formulieren eine Flächenbildung mit einer prinzipiellen Orientierung an der piano-Region, die gleich zu Beginn in

T. 22 explizit vorgeschrieben ist. Detaillierte Dynamisierung wurde nur in Sonderfällen angegeben, so beispielsweise bei den jeweils viertaktigen ff-pp-Wechseln der scheinbar polyphon geführten, dissonanzreichen Orgelpunktfixierungen im Zentrum der Durchführung (ab T. 58). Die durchgehenden, dialogisch verlaufenden, zumeist halbtaktigen Sequenzbildungen erhalten durch die harmonischen Fixierungen im Bass der Begleitfigurationen (T. 58–61: h; T. 62–65: e; T. 66–69: a) einen barockisierenden Zug, der vor allem durch die dichte Chromatik im Sequenzmodus erstmals im Sonatenœuvre von fern an Johann Sebastian Bach gemahnt.

In der leicht variierten Reprise (ab T. 80) erscheint dann die Wiederholung des Themenkopfs im Stimmtausch (ab T. 88), was zur Erweiterung der nachfolgenden Modulation von ursprünglich zwei Takten in der Exposition (T. 14–15) auf jetzt drei Takte führt (T. 94–96), woran dann regelkonform der zweite Themenblock auf der Tonika a-Moll (ab T. 104) anschließt; dadurch wird in nachhaltiger Weise der tongeschlechtliche Charakter nicht nur innerhalb der Reprise, sondern im Gesamt des Satzes akzentuiert – das düster verhangene, expressive Moll dominiert. Dies könnte wiederum ein Grund für den überraschenden Einbruch zweier verminderter Septakkorde (T. 126–127) sein – wohl als Analogie zu entsprechenden Überleitungstakten innerhalb der Durchführung gedacht (T. 56–57) –, die dann erst den Weg für die abschließende Coda mit erneuter Punktierung und durchlaufenden Sechzehntelskalen freimachen (ab T. 129, entsprechend zu T. 145 ff.). Der weitgehend motorische Verlauf im Satzganzen trägt durchaus einen grundsätzlichen Charakter von rebellischem Rasen und wutentbrannter Verzweiflung. Durch die ungewöhnliche Vortragsbezeichnung Allegro maestoso soll dies wohl ein wenig zurückgenommen und latent gebändigt werden, insgesamt wird so aber auch eine entsprechende dramatische Insistenz verstärkt.

Auch das Andante cantabile des Mittelsatzes mit dem Zusatz «con espressione» entfaltet vor allem über die jetzt dicht gestreute Dynamik und die extremen Notenwertwechsel – von Viertelbewegungen bis zu Vierundsechzigstelfigurationen, zusätzlich verstärkt durch zahlreiche Verzierungen – eine erregte Vielgestaltigkeit, die neue Ausdrucksdimensionen erschließt. Im Zentrum steht erneut eine sich gewaltig steigernde Durchführung (T. 32–53), die, analog zum Beginn des ersten Satzes, mit erstaunlich tief gesetzten, pulsierenden Akkordwiederholungen in Vierklängen beginnt und das kantable Thema höchst ungewöhnlich begleitet. Im Gesamtverlauf haben wir wiederum einen Sonatenhauptsatz mit wiederholter Exposition vor uns, der jetzt in die terzverwandte Tonart F-Dur versetzt ist. Die weitgespannte, fließende Kantabilität des Hauptthemas (T. 1 ff.) entfaltet sich erneut als Reihung kleingliedriger, instrumentaler Sprachmotive. Der zweite Themenblock in der Dominante C-Dur (ab T. 15) hingegen erzeugt eine pochende Vibration, die in deutlichem Kontrast eine Tendenz zum Zeitstillstand suggeriert, was klangfarblich vor allem durch den zwei Takte durchlaufenden Triller der rechten Hand verstärkt wird (T. 17–18). Innerhalb des Sonatenœuvres Mozarts haben wir hier den bislang kunstvollsten und differenziertesten langsamen Satzverlauf im formalen Modus einer Sonatenhauptsatzform vor uns – ein angemessenes Gegengewicht zur dramatischen Expressivität des Kopfsatzes. Auch die latente formale Binnengliederung in fortlaufende Erzählung einerseits und verhaltene Zuständlichkeit andererseits generiert neue Ausdrucksdimensionen, die den Hörer in unbekannte ästhetische Erfahrungen führen.

Aber auch Charakter und Faktur des letzten Satzes fallen aus dem bisherigen Rahmen: Es handelt sich um ein rasendes Presto, das einerseits wie ein aussichtsloses, depressiv bis manisch in sich kreisendes *perpetuum mobile* angelegt ist, andererseits auffällige Tendenzen zu polyphonen Strukturen durch liegenbleibende oder übergebundene Töne aufweist; dadurch entsteht der Eindruck, die Bewegungsobsession in durchlaufenden Achteln sollte immer wieder gebannt werden – schon am Höhepunkt der kontrastreichen Durchführung des ersten Satzes war diese Tendenz (T. 58–69: ff – pp – ff) erkennbar. Auch ein kurzer, kantabel eingestreuter Mittelteil (T. 143–174) ändert nichts an der beinahe expressionistischen Energetik dieses Finales, die sich vor allem in der wie instrumentale Ausrufe wirkenden, gestischen Fixierung zwischen T. 199 und 202 nahezu naturalistisch entfaltet. Der Charakter einer verzweifelten Flucht drängt sich auf, die in einer zwanzigtaktigen Coda (ab T. 233) eher gewaltsam abbricht als zu einem Ziel führt; der zunächst dramatisch-hilflose Wechsel von viertaktigen piano-Abgängen und eingestreuten zweitaktigen Akkordschlägen findet ein ebenso abruptes wie fast brutales Ende durch massive Oktavrepetitionen (ab T. 247). Wir treten hier in eine neue Dimension von Sonatenkomposition ein, die wir erst wieder im Finale von Beethovens «Sturm»-Sonate op. 31/2 oder im Schluss-Satz von Schuberts posthumer Sonate in c-Moll aufgegriffen finden. Darüber hinaus scheint die kreisende Bewegungsmotorik vor allem durch die dominierende dynamische Zurückhaltung nur mühsam im Zaum gehalten, beinahe gewaltsam gebremst – es entsteht der Eindruck einer absichtsvoll unterdrückten Dämonie. Die Finalsätze aus Chopins Klaviersonaten in b-Moll und h-Moll könnten hier ihr frühes Vorbild haben. Hatte sich die Theatralität der Mozart'schen Instrumentalmusik im Medium der Klaviersonate bislang als vielgestaltiges Spiel und phantasievolle Charakterisierungskunst gezeigt, so weitet sie sich mit KV 310 auf direkt gesetzte, sich unmittelbar entladende Dramatik und subjektives Pathos aus.

Auch der gängige Pariser «goût» mag diesen Extremfall mit begünstigt haben; aus dem Entstehungsjahr der Sonate stammt das berühmte Briefzitat Mozarts: «[...] ich kann so ziemlich, wie sie wissen, alle art und styl vom Compositions annehmen und nachahmen» (7. 2. 1778). Darüber hinaus hatten stilistische und ausdrucksspezifische Elemente des Pariser Musiklebens ihn ja schon als Kind fasziniert; die von der Violine begleiteten Klaviersonaten KV 6–9, deren Besetzung damals in Paris höchst beliebt war, dokumentieren das ebenso wie seine frühen «Pasticcio»-Klavierkonzerte KV 37 und KV 39–41, welche Sonatensätze der in Paris wirkenden und dort höchst erfolgreichen Komponisten Johann Schobert, Johann Gottfried Eckard und Leontzi Honauer verwenden. Diese «Deutsch-Franzosen», deren Musik ab etwa 1760 in Paris Bedeutung gewann, pflegten einen expressiven Stil, der auf direkte, wenngleich sicherlich manchmal etwas plumpe Wirkung angelegt war. Vor allem die Klavierwerke Schoberts waren sehr populär – Mozart ersteht nachweislich 1778 wohl als Unterrichtsmaterial für Schüler dessen Klaviersonaten. Diese Pariser Expressivität war zusätzlich ein Katalysator für die Konzeption von KV 310, so dass das immer personalstilistisch gebundene «Annehmen und Nachahmen» auf ingeniöse Weise mit dem Druck der biographischen Konstellation durch den Tod der Mutter zusammenfiel. Auch die letztliche Enttäuschung über den im Großen und Ganzen doch erfolglosen Pariser Aufenthalt könnte die Affekte von verzweifeltem Trotz und aggressiver Rebellion zusätzlich befördert haben.

Ausgewogene Proportionen und instrumentale Kantabilität: Sonaten aus Wien, Salzburg und Linz

Sammlung als Zyklus

Letztlich ließe sich über jede einzelne der folgenden Sonaten eine eigene Abhandlung verfassen, da die internen Differenzierungen bezüglich Zyklusbildung und Satztechnik eine enorme Breite erreichen. Deshalb soll in dieser Betrachtung vor allem auf die jeweiligen Besonderheiten, die den individuellen Charakter ausmachen, hingewiesen werden. So wurden die drei Sonaten KV 330–332 von Mozart erstmals in einem engeren Sinn als zusammenhängende Gruppe, nahe dem Charakter einer Zyklusbildung, angelegt. Sie wurden wahrscheinlich 1783 unmittelbar nacheinander in Wien und/oder Salzburg anlässlich des Besuchs und der Vorstellung von Gattin Constanze bei Vater und Schwester komponiert und 1784 in der Wiener Erstausgabe auch zusammenhängend publiziert. Die unvollständigen Autographe legen im Verhältnis zur Drucklegung erneut den Verdacht nahe, dass Mozart im letzten Moment Modifikationen des Notentexts vornahm; somit wird wieder einmal angedeutet, dass auch Sonatenkomposition eine Art «work in progress» war, was sich natürlich in bestimmten Grenzen hielt, aber bis zum Schluss Änderungen zuließ. Im Adagio der Sonate F-Dur KV 332 gehen die Abweichungen, die in erster Linie Verzierungsphänomene, also den primären Ort für Offenheit und Veränderbarkeit, betreffen, so weit, dass in der Neuen Mozart-Ausgabe zwei Versionen gedruckt wurden, mit denen der Interpret umzugehen hat. Auch die originale Nummerierung in den Autographen wie im Erstdruck deutet schon äußerlich darauf hin, was der stilistische Befund dann bestätigt, dass nämlich der Charakter einer neutral zusammengestellten Sammlung überstiegen ist und zumindest eine zyklische Tendenz vorliegt.

So ergeben die Grundtonarten, von C-Dur in KV 330 ausgehend, einen Terzfall – A-Dur in KV 331 und F-Dur in KV 332 –, der selbst wiederum die Töne des Grunddreiklangs von F-Dur, der Tonart der «Finalsonate», markiert. Die erste und dritte Sonate entsprechen mit «schnell-langsam-schnell»-Abfolgen der Sätze traditionellen Zykluserwartungen; diese scheinen sich darüber hinaus zueinander im Sinne einer gesteigerten Entwicklung zu verhalten, vor allem durch die in beide Richtungen zugespitzten Temporelationen hervorgerufen: Allegro moderato (Nr. 1) – Allegro (Nr. 3); Andante cantabile (Nr. 1) – Adagio (Nr. 3); Allegretto (Nr. 1) – Allegro assai (Nr. 3). Auch die Charakterverschärfung zwischen der galanten C-Dur-Sonate mit ihrer kantablen Geschmeidigkeit und der entschieden empfindsam-kontrastreicheren (1. Satz), expressiv dissonanzgesättigten (2. Satz) und konzertant-virtuosen (3. Satz) Disposition der F-Dur-Sonate bestärkt die gewollte Steigerungstendenz. Das gestaltungs-individuelle Konzept der A-Dur-Sonate KV 331 erscheint dabei wie ein groß angelegter Block in der Mitte eingelagert zu sein. Dessen von einem langsamen Grundthema im Andante grazioso ausgehender Variationssatz zu Beginn, das vielgestaltig entwickelte Menuett mit weitgespanntem Klangsatz als Trio in der Mitte und das mit der Anweisung «Alla turca» exotisierende Finale scheinen radikal aus den traditionellen zyklischen Konventionen auszuscheren. Vor allem die Imitation von Janitscharen-Musik im Schluss-Satz, die wohl auf die generelle «Turkophilie» des damaligen Wiener Publikums Bezug nimmt, machte diese Sonate berühmt, zumal der Satz gegen Ende (ab T. 116) durch die offensichtliche Nachahmung von Schlaginstrumenten nahezu geräuschhafte Dimensionen erreicht. Damit wird direkt eine Theaterszenerie heraufbeschworen, wie wir sie zuvor schon de facto in der Janitscharenmusik der «Entführung aus dem Serail» KV 384 finden.

Mozart scheint mit dieser ungewöhnlichen Trias zwischen Zyklus und Sammlung – alle Werke sind selbstverständlich einzeln aufführbar, zumal trotz einer gewissen Terzaffinität als Gemeinsamkeit die thematische Substanz recht unterschiedliche Charaktere entwickelt – auf ungewöhnliche Weise auch als Komponist von Klaviersonaten auf sich aufmerksam machen zu wollen; vielleicht ist das als ein erneuter Versuch zu werten, zusätzlich Interessenten zu gewinnen und sich beim Publikum aus Kennern und Liebhabern in Wien als der Stadt seiner vorrangigen künstlerischen Aktivitäten zu etablieren. Die drei letzten Sinfonien Mozarts können ebenso wie die jeweils letzten drei Klaviersonaten Beethovens und Schuberts ebenfalls in diesem losen Sinn als Trias verstanden werden, sind dabei jedoch jederzeit auch als Einzelwerke aufführbar.

Sonate in C-Dur KV 330

Der Erstdruck dieser Sonate unterscheidet sich vor allem durch die entschieden reichere Dynamik vom nahezu vollständigen Autograph – nur die letzten neun Takte des Finales fehlen dort. Allerdings erhält er am Ende des langsamen Satzes einen viertaktigen Epilog (T. 61–64), der in der Handschrift fehlt; Mozart hat ihn wohl direkt in die Stichvorlage eingefügt, was einmal mehr deutlich macht, wie offen der Produktionsprozess trotz aller kalkulierten Strategien bis zum Schluss bleibt. Dieses Detail erlaubt uns einen ungewöhnlichen Einblick in die Werkstatt des Komponisten: Den formalen Kern des Andante cantabile bildet eine dreiteilige Liedform, deren erster (A) und zweiter Teil (B) selbst wiederum aus einer jeweils wiederholten Zweiteiligkeit besteht, während die notengetreue Reprise danach wiederholungsfrei durchläuft. So ergibt sich das folgende Formschema: A (wiederholtes a^1: T. 1–8/wiederholtes a^2: T. 9–20)/B (wiederholtes b^1: T. 21–28/wiederholtes b^2: T. 29–36)/A (einfach a^1: T. 41–48/einfach a^2: T. 49–60). Während die Teile b achttaktigen Perioden entsprechen, gilt das nur für a^1, wohingegen a^2 eine viertaktige Erweiterung zu zwölf Takten erfährt, die einem Fortspinnungsprozess ab T. 13 zu verdanken ist. Diese klar disponierte Proportionierung bildet erneut nur den Rahmen eines grundsätzlich kantabel geführten Dialogs kleingliedriger melodischer Einheiten, die zu einem im Wechsel von piano und forte durchgeführten Erzählfluss verbunden sind; deren motivische Substanzen weisen gestisch-strukturelle Gemeinsamkeiten auf, was vor allem durch die stetig wiederkehrende Drei-Achtel-Auftaktigkeit bemerkbar wird. Teil b^1 (ab T. 21) bringt nun fast so überraschend wie in einem romantischen Charakterstück einen Wechsel von Tongeschlecht (von F-Dur nach f-Moll), Dynamik (pianissimo) und Affekt; letzterer geht nach der erzählenden Rhetorik von Teil A vor allem durch die pulsierenden Sechzehntel in der linken Hand zunächst in eine melancholische Klangfläche über, um dann in Teil b^2 (ab T. 29) in kleingliedrig-polyphoner Stimmführung eine dramatische Ausdruckszone mit wuchtiger Akkordsetzung (T. 34–35) heraufzubeschwören. Lässt der bisherige Verlauf schon eine verborgen zugrundeliegende semantische Disposition erahnen und deutet nahezu eine programmatisch gebundene Entwicklung an, so verstärkt sich dieser Eindruck nach b^2 nochmals entschieden: Anstatt jetzt die Reprise von A unmittelbar anzuschließen, schiebt Mozart noch einmal die ersten vier Takte von b^1 nach (T. 37–40), dessen geheimnisvolles f-Moll nun in schneidend scharfe Dissonanzsetzungen überführt wird – in T. 39 erscheinen in konsequenter Gleichzeitigkeit der Grundton f und der Leitton e, die sich in T. 40 von ihrer unbotmäßigen Verkettung lösen und erst danach die Reprise einleiten. Dieses auffällige emphatische Einsprengsel, das erneut eine inhaltlich orientierte Disposition nahe legen könnte, war wohl auch der Grund dafür, ein Pendant am Ende des Satzes – im Sinne eines versöhnenden Äquivalents – für den Erstdruck nachzureichen (T. 61–64). Letztlich ist es unerheblich, die eventuell inhaltlich konkreten, theatralen Dimensionen dieses vielgestaltigen Erzählverlaufs zu kennen; die Suggestivität der musikalischen Rhetorik spricht in ihrer formalen und motivisch-gestischen Präsenz auch allgemein im Modus reiner Instrumentalmusik für sich.

Das Hauptthema des Kopfsatzes birgt insofern eine klangliche Besonderheit, als die begleitenden Terzpendel umgekehrt zu sein scheinen: Statt dem Wechsel c-e, der dem harmonischen Verhältnis von Grundstellung zu Sextakkord entspräche, finden wir das entschieden offenere, weniger verfestigende Pendel e-c; zudem verlaufen die ersten sechs Takte in überraschender Höhe, dementsprechend ist die begleitende linke Hand im Violinschlüssel notiert. Dadurch entsteht ein klanglicher Schwebezustand, auf den sich das natürlich absinkende wiederholte erste Motiv (T. 1–2/T. 3–4) setzt, das zu Beginn durch seine auftaktige Geste in Zählzeit Eins zum punktierten Schwerpunkt auf «Eins und» hinführt und so selbst einen eröffnenden Stau erzeugt, der den «fliegenden Charakter» unterstützt – die ebenfalls punktierte folgende Schlussgeste in T. 2 bzw. T. 4 löst die fließende Energie nur kurzzeitig auf. Der gleitende Satzkomplex dieser ersten sechs Takte – die offenen, nach oben geführten Dreiklangsbrechungen in T. 5 und 6 bestärken fortspinnend diesen Charakter – zeigt auf einzigartige Weise die ungewöhnliche Kunst eines Mozartisch schwebenden Melodie-Begleitverhältnisses, innerhalb dessen sich Charakterisierungskunst und Zeitgestaltung aufs Glücklichste wechselseitig verstärken. Die «Levitationen» in T. 5 und 6 leiten danach in eine latente Dialogstruktur über, die durch die ausbalancierte Schlussgeste in T. 7 und 8, die wie eine zeitliche Dehnung aus der Motivik von T. 2 und T. 4 wirkt, kurzzeitig einlenkt, um sodann ab T. 9 figurativen Verzierungen in einem überleitenden Sinn Raum zu geben. Das Klima dieses schwebend vibrierenden Satzgebildes im verhaltenen Allegro moderato verbindet erneut korrespondierende Regelhaftigkeit – prinzipiell zwei Achttakter (T. 1–8 und 9–16) – mit unregelmäßigen Binnendispositionen und Anhängseln im Inneren (T. 1–8: zwei Takte + zwei Takte (Wiederholung) + ein Takt + ein Takt (Wiederholung) + zwei Takte; T. 9–16: ein Takt + ein Takt (Wiederholung) als ornamentale Füllung von T. 5 und 6 + ein Takt + zwei Takte + zwei Takte (Wiederholung); T. 16–18: überlappende drei Takte, die den achtzehntaktigen ersten Themenblock beenden). Die irregularisierenden Freiheiten innerhalb des regelhaften Rahmens wirken gerade in diesem

Beispiel auf besondere Weise naturhaft-vegetativ; die instrumentale Kantabilität entwickelt eine aus sich selbst schöpfende «Wuchsform», deren Gesetzmäßigkeit freiem Sprechen nach fixierten Regeln nahekommt.

Das finale Allegretto folgt erneut dem mehrfach erprobten Modell, von einer eher beiläufigen, kleingliedrigen, in diesem Fall tänzerisch-volkstümlichen Motivik auszugehen, um sodann überraschend virtuose Figurationszüge zu entwickeln, die nahezu konzertante Ausmaße annehmen. Oft erscheint dieser Finaltypus in Rondoform, hier allerdings als erneuter Sonatenhauptsatz, dessen relativ kurze Durchführung (T. 69–95) ausschließlich einem neu eingeführten Thema gewidmet ist (T. 69–76), wodurch dann doch gleichzeitig ein latenter Rondocharakter entsteht. Auch die spielerische Intention, mit Formkonzepten ambivalent-changierend umzugehen und sie so aus der traditionellen Konventionalität herauszuheben, wird dadurch erneut über die motivisch-thematische Bereicherung hinaus offensichtlich. Immer gehört allerdings zu diesem assoziativen Spielraum auch die Erfüllung konventioneller Regeln, wie beispielsweise die zu erwartende und schließlich auch erfüllte Setzung des zweiten Themas auf der Tonika C-Dur in der Reprise (T. 132 ff.). Die zweitaktige, theatrale Schlussgeste der Exposition (T. 67–68) setzt am Satzende humorvoll-verunsichernd einen Trugschluss (T. 168–169), den dann forte-Akkordschläge in normalem Kadenzverhältnis nachdrücklich-robust zurechtrücken.

Sonate in A-Dur KV 331

Diese Sonate zählt zweifellos zu den meistgespielten und -gehörten «Highlights» des Mozart'schen Œuvres, wofür sicherlich die überraschenden Abweichungen von der traditionellen Zyklusbildung wie die charakterspezifischen Besonderheiten verantwortlich sind. Zu ersteren zählt natürlich die Disposition des Kopfsatzes, der nicht nur wie schon in KV 282 im langsamen Tempo exponiert wird, sondern darüber hinaus nicht als Sonatenhauptsatz, sondern als Variationssatz angelegt ist, dessen Gestaltungsprinzipien bisher nur im schnellen Finale von

KV 284 Verwendung fanden. Allerdings nähern sich die vor allem auf ornamentale Figuration abzielenden sechs Variationen durch die diminutiven Verkleinerungen der Notenwerte – schon in Variation I Sechzehntel, dann in Variation II bereits begleitende Sechzehnteltriolen – einer Beschleunigungsmotorik, die der Beweglichkeit eines schnellen Satzes nahe kommt. Allein das einleitende, sicilianoartige Andantethema, das in seiner Kantabilität später bekanntlich Max Reger zur Komposition seines wohl bedeutendsten Orchesterwerkes, den Mozart-Variationen, anregte, entspricht als Entrée tatsächlich der Typik eines langsamen Satzes. Der Schwebezustand dieses wohl bekanntesten Themas der Mozart'schen Klaviersonaten wird nur noch in der Adagio-Variation V annähernd erreicht, wobei allerdings der grundgelegte Bewegungsimpuls in durchlaufenden Zweiunddreißigsteln erneut einen beschleunigenden Charakter vermittelt, den auch die überraschende Beibehaltung des Dur-Geschlechts verstärkt. In allen Variationen tendiert der Satzverlauf aufgrund der kontinuierlichen Bewegungsimpulse zur figurativen Klangflächenbildung, was gelegentlich zu etüdenhaften Zügen führen kann – beispielsweise wenn in Variation III, diesmal in beweglich-verhangenem a-Moll, die nahezu mechanistisch fixierten Sechzehntelketten weitgehend synchron in rechter und linker Hand verlaufen. Insgesamt erscheinen die Figurationsvariationen bewegungsspezifisch einander sehr angenähert, nicht zuletzt unterstützt durch den fortlaufenden Sechs-Achtel-Takt, den das Thema in ursprünglich schwebender lang-kurz-Bewegung vorgab. Dadurch entsteht über die Variationswechsel hinaus eine ungewöhnliche Einheitlichkeit des gesamten Satzes, die den Eindruck eines zusammenhängenden Geschehens suggeriert, innerhalb dessen sich die unterschiedlichen Charaktere bewegen. Die Geschwindigkeits-Verschmelzung ist so hoch, dass man fast von einer neobarocken Einheit des musikalischen Affekts sprechen könnte. Besonders deutlich wird solch eine latent historisierende Tendenz bereits in Variation I, deren nahezu durchlaufende chromatische Vorhaltbildungen direkt an barocke Seufzermotivik anzuknüpfen scheinen. Die abschließende Allegro-Variation VI, die als einzige im

Vier-Viertel-Takt steht, sich aber in der Tempo-Wahrnehmung auch nur minimal abhebt, endet dann mit einer achttaktigen Coda, die wie ein theatraler «Rausschmeißer» wirkt und den ambivalenten Variationsverlauf beschließt.

Dass durch diesen ornamental beschleunigten Kopfsatz dennoch auch ein langsamer Satztyp vertreten wird, macht das anschließende Fehlen eines solchen als Mittelsatz deutlich. Stattdessen finden wir ein Menuett mit Trio, was erneut retrospektiv an die Frühzeit klassischer Sonatenkomposition erinnert – auch in bereits erwähnter Es-Dur-Sonate KV 282 finden wir zwei Menuette nach einem langsamen Kopfsatz. Die offensichtliche Dramaturgie zwischen den beiden Mittelsätzen in wiederum annähernd gleichbleibendem Tempo im Drei-Viertel-Takt entfaltet eine architektonische Dimension, die mit unterschiedlichen Zeiterfahrungen und satzübergreifenden Bezügen arbeitet: Der vielgestaltigen Kleingliedrigkeit des Menuetts mit erstaunlich unterschiedlichen Notenwerten auf engem Raum – von punktierten Halben (T. 11) bis zu durchlaufenden Sechzehnteln (T. 12–13 und T. 14–16) – steht ein klangflächig-einheitliches Trio gegenüber, das mit einer kontinuierlichen Achtelbewegung arbeitet, die wie im ersten Satz ein organisches Klangband suggeriert – eine Ausnahme bildet nur ein dramatisch wie satztechnisch durch leere Doppeloktavierungen abgesetzter kurzer Einschub zwischen T. 20 und 24, der wie ein Stachel im Fleisch die pastorale Idylle kurzzeitig stört. Das vielfache Spiel mit Handüberschlägen stellt in diesem Trio zudem eine Art Reminiszenz bzw. sinnhafte Verbindung zu Variation IV des Kopfsatzes her, die eine ähnlich naturhafte Klangzuständlichkeit realisiert hatte.

Das exotistische Finale im modischen Alla-turca-Stil der Zeit mutierte in der Rezeptionsgeschichte nahezu zu einem Gassenhauer. Der marschartige Verlauf, mit dem man durchaus den Charakter eines Umzugs assoziieren kann, war in den Abzügen des Erstdrucks ursprünglich noch mit einer entsprechend ungewöhnlichen Tempobezeichnung, nämlich «Allegrino» überschrieben – wohl als Hinweis auf die ebenso ungewöhnliche, leicht groteske Satzfaktur zu verstehen –, die dann allerdings später zum konventionellen Allegretto korrigiert wurde. Da als Autograph nur eine Seite des Finales überliefert ist, muss die Erstausgabe (Wien 1784) als alleinige Informationsquelle dienen – auch weitergehende dezidierte Absichten Mozarts müssen aufgrund der dürftigen Quellenlage im Dunkeln bleiben. Er hatte allerdings bereits im «Janitscharenchor» der unmittelbar vorher entstandenen «Entführung aus dem Serail» der österreichischen «Turcomania» gehuldigt – sein Kommentar dazu kann durchaus ersatzweise auch auf dieses Finale angewandt werden: «der Janitscharen Chor ist für einen Janitscharen Chor alles was man verlangen kann. – kurz und lustig; – und ganz für die Wiener geschrieben. [...] – wechselt immer mit forte und piano ab; wobey beym forte allzeit die türkische Musick einfällt. – modulirt so durch die töne fort – und ich glaube man wird dabey nicht schlafen können, und sollte man eine ganze Nacht durch nichts geschlafen haben» (Brief vom 26. 9. 1781). Für die zeitgemäß-modische Identifikation eines «alla turca» sind vor allem die drehenden Vorschläge in Formteil 1 (T. 1 ff.) zuständig, die dann zu kurzen, nahezu geräuschhaften Vorschlägen zu begleitenden Tonrepetitionen in Formteil 2 werden (ab T. 25). Die Kombination mit weiteren kurzen Vorschlägen zu Akkordrepetitionen in der rechten Hand – so in T. 101, 108, 121 – erhöht dann den geräuschhaften Anteil nochmals entschieden und macht das Klavier bereits im 18. Jahrhundert als eine «Art interessantes Schlaginstrument» (Paul Hindemith in der Aufführungsanweisung zum «Ragtime» der «Suite 1922») kenntlich; dieser nahezu avantgardistische Impuls steht hier natürlich noch ganz im Dienste folkloristischer Vergegenwärtigung, kann aber trotzdem als visionärer Vorgriff auf pianistische Tendenzen des 20. Jahrhunderts gedeutet werden.

Sonate in F-Dur KV 332

Erneut zeigen Differenzen zwischen dem unvollständigen Autograph und dem Erstdruck (Wien 1784), dass Mozart für die endgültige Drucklegung revidierend eingriff; das betrifft nicht nur die entschieden reichere Dynamisierung, sondern auch kleinere Textvarianten, beispielsweise die Wiederholung von Formteil a des zweiten Satzes (ab T. 21), die zum Teil anders und im Ganzen vielfältiger verziert wird. Davon generell eine Art Ästhetik eines offenen Kunstwerkcharakters ableiten zu wollen, wäre sicherlich übertrieben; dennoch verraten diese immer wieder auftretenden Unterschiede ein kompositorisches Bewusstsein, das eher einem fortlaufenden Wachstumsprozess gehorcht als einer strukturell präformierten und definitiv fixierten Satzfaktur. Die assoziative Freiheit und die daraus resultierende Veränderungsbereitschaft scheinen direkt an den phänotypischen Bedingtheiten des täglichen Lebensvollzugs orientiert, wo bekanntlich nichts sich selbst gleichbleiben kann. Entsprechende theatrale Vergegenwärtigungen im Sinne eines direkten künstlerischen Umsetzungsmodus bilden eine zentrale Basis Mozart'schen Komponierens – nicht nur in der Oper, sondern auch auf dem Gebiet der Instrumentalmusik.

Das Adagio von KV 332 ist aufgrund seiner formalen Anlage als zweiteilig wiederholte Strophenform besonders geeignet, in diesem Sinne variierende Veränderungen anzubringen. Die in zwei Viertakter gegliederte erste Periode (T. 1–8) verwendet ein kantabel aufsteigendes, durch Doppelschläge und emphatisch abschließende Vorhaltsbildungen – in Takt 1 und Takt 2 jeweils in der zweiten Takthälfte – charakterisiertes Motiv, dem im folgenden Zweitakter ein korrespondierender Abstieg folgt (T. 3–4), der, ebenfalls vorhaltgesättigt, insgesamt einen verflochtenen Viertakter konstituiert. Dieser wird mit Wechsel des Tongeschlechts – b-Moll anstelle von B-Dur – wiederholt sowie durch einen korrespondierenden Zweitakter am Schluss (T. 7–8) im Ambitus expressiv geweitet. Die Begleitfolie durchlaufender Albertibässe in Sechzehnteln schafft hierfür wiederum den klanglichen «Bühnenboden» für die sich leicht verändernde, dennoch periodisch geordnete «Berichterstattung». Diesem beweglich ausbalancierten Sachverhalt folgt als zweiter Formteil ein sich entwickelnder Prozess, was schon die kleingliedrige Gestik des ersten Zweitakters andeutet (T. 9–10); tatsächlich entwickelt die dann folgende Fließbewegung der ebenfalls zweitaktig korrespondierenden Antwort (T. 11–12) bei ihrer Wiederholung ab Takt 15 eine durchführungsartige Entwicklung, die danach umso zwingender über eine orgelpunktartige Fixierung auf der Dominante F (T. 19–20) zu den ornamental variierten Wiederholungen zurückführt: T. 21–28 (entspricht T. 1–8) und T. 29–40 (entspricht T. 9–20). Modellhaft führt dieser Prozess vor, wie innerhalb weitgehend eingehaltener Korrespondenzprinzipien intern eine enorme Vielgestaltigkeit und Variabilität entwickelt werden kann – und lässt sich so nahezu als ein kompositorisches Paradigma der Mozart'schen Kunst betrachten.

Diese Eigenschaften prägen auch den Kopfsatz, wo bereits das Hauptthema in F-Dur als enorm vielgestaltiger Komplex erscheint: Einem viertaktig aufsteigenden, kantablen Motiv mit kontinuierlich fließendem Begleitsatz nach dem Modell eines «singenden Allegro» folgt eine achttaktige, prinzipiell absteigende Periode (T. 5–12) im Stil der durchbrochenen Arbeit eines Streichquartettsatzes, worauf sodann ein tendenziell in klanglichem Unisono gehaltenes tänzerisches Motiv im Charakter einer Harmoniemusik erscheint (T. 13–22). Doch nicht genug mit dieser enorm dichten Struktur- und Charaktervielfalt, die einen zusammenhängenden F-Dur-Block formuliert (T. 1–22); vielmehr folgt völlig überraschend eine Art entwickelnde Durchführungspartie, die, von d-Moll ausgehend, als dramatische Überleitung aus dem Geist der Opernsphäre mit auffällig häufigen verminderten Septakkorden schließlich auf G endet und damit ab Takt 41 für einen zweiten Themenblock auf der Dominante C-Dur Platz macht. Auch dieser entfaltet sich strukturell wie affektiv vielfältig und ist erneut, vor allem ab Takt 60, von deutlich durchführenden Tendenzen durchsetzt; beendet wird diese auffällig vielgestaltige Exposition mit einer wiederum zweiteiligen, höchst unterschiedlich disponierten Coda (T. 86–89 und T. 90–93). Die Durchführung beginnt mit einer eigenen, wenn auch latent an das Expositionsmotiv (ab Takt 77) angelehnten Motivsetzung und setzt dann den bereits in der Exposition (ab T. 56) initiierten dramatischen Durchführungsprozess fort (ab T. 109). Als Formteil fällt diese Durchführung relativ kurz aus (T. 94–132); das kann durchaus als mögliche Reaktion auf die enorme Vielgestaltigkeit und Ausdehnung von Exposition und Reprise sowie ihrer bereits vorgreifenden und nachreichenden Verarbeitungstendenzen gelesen werden. Somit verrät die formale Konzeption dieses Sonatenhauptsatzes eine Individualisierungstendenz, die ganz aus der Vielfalt des gesetzten und gereihten motivisch-thematischen Materials gewonnen wird; davon ausgehend verfährt sie mit den Formteilen in spielerischer Ambivalenz und entwickelt zugleich in ausgewogener Proportionierung der Details wie der Abschnittsbildungen ein vielfältiges Panorama von Instrumentalcharakteren; diese fügen sich ebenso spielerisch in die Grundfunktionen der Architektur ein, wie sie diese gleichzeitig in individueller Freiheit überhöhen.

Das enorm virtuose Allegro assai als Finalsatz entfaltet abschließend einen übermütig-figurativen Konzertcharakter mit tänzerischen Anteilen (z. B. ab T 15), dramatischen Einbrüchen (z. B. ab T. 36), aber auch rebellisch-dämonischen Zonen (z. B. ab T. 50). Erneut entwickelt sich jedoch diese binnenformale und charakterliche Vielgestaltigkeit grundsätzlich im Rahmen eines eingehaltenen Sonatenhauptsatzes, dessen virtuose Brillanz neue Dimensionen eines instrumentalen Finales eröffnet. Latent könnte erneut eine Art Jagdmusik assoziiert werden, in die gelegentlich ariose Operneinlagen eingebunden werden.

Erzählendes Singen: Sonate in B-Dur KV 333

Auf der Rückreise von Salzburg nach Wien machte die Familie Mozart Halt in Linz, wo – wohl in zeitlicher Nähe zur sogenannten «Linzer Sinfonie» KV 425 – im November 1783 die Sonate in B-Dur KV 333 entstand. Sie erschien 1784 auf recht ungewöhnliche Weise im Erstdruck zusammen mit der frühen «Dürnitz»-Sonate KV 284 und der großen Sonate in B-Dur KV 454 für Klavier und Violine. Hierzu existiert die Hypothese, dass Mozart eigentlich erneut eine Sonaten-Trias plante, die KV 330–332 ergänzen sollte, wovon dann aber nur KV 333 fertiggestellt wurde; die Edition wurde dann durch die ältere Klaviersonate bzw. merkwürdigerweise eine zusätzliche Violinsonate zur angestrebten Dreiergruppe ergänzt. Erneut zeigen leichte Varianten zwischen erhaltenem Autograph und dem Erstdruck Mozarts Tendenz, den zunächst handschriftlich festgelegten Text durchaus offen für Modifikationen im Erstdruck zu halten, wiederum vor allem Aspekte der Verzierung, Artikulation und Dynamik betreffend.

Der erste Satz kann als Prototyp eines «singenden Allegro» gelten, dessen Hauptthema mit weitgespannter Melodik über ostinater Begleitfiguration tatsächlich «wie gesungen» erscheint. Der erinnernde Bezug zu Johann Christian Bach, dem «italienischen Bach», dem dieser Sonatenhauptsatz-Typus zu verdanken ist und den Mozart als Kind auf der ersten großen Reise 1764 in London kennenlernte, wird hier besonders deutlich. Hatte Mozart bereits im langsamen Satz des nicht lange zuvor komponierten Klavierkonzerts in A-Dur KV 414 (1782) nachweislich aus Bachs Kantate «La calamità dei cuori» zitiert, so weist auch das Hauptthema des ersten Satzes von KV 333 eine verblüffende Ähnlichkeit zum Hauptthema des ersten Satzes von dessen früher Sonate in G-Dur op. 17/4 auf. Diese Bezugnahme wirkt hier wie ein programmatischer Entwurf des gesamten folgenden Satzverlaufs, da die kantable Melodisierung trotz akkordisch beginnendem zweitem Thema (ab T. 23) im Ganzen überwiegt und selbst Überleitungs- und Begleitfigurationen in diesen Prozess miteinbezieht. Allerdings sind wir ähnlichen Thementypen bereits mehrfach begegnet, das letzte Mal im finalen Allegretto grazioso der wenige Jahre früher verfassten Sonate in C-Dur KV 309; der gemäßigt schnelle und zugleich kantable Gestaltungsmodus repräsentiert einen weiteren bevorzugten Satztyp, der im Fall von KV 333 verblüffend nahe an ein direktes Beispiel des Einflussbereiches heranrückt.

Dieses beispielhafte Phänomen gibt Gelegenheit zu einem kurzen Exkurs über die Frage der Intertextualität in Mozarts Komponieren. Obwohl das «original sein» ein frühes erklärtes Ziel des Mozart'schen Komponierens darstellt, kollidiert dieses nicht mit immer wieder auftretenden, direkten bis assoziativen Bezügen zu eigenen und fremden Werken. Ein erinnerndes Aufgreifen bereits vorhandenen und gestalteten Materials kann vielmehr umgekehrt zum Ausweis einer besonderen Originalität werden, wenn derartige Anspielungen, die bis an direkte Zitate heranreichen können, einen besonderen Kontext und Beziehungsreichtum aufspannen. Dies ist zweifellos bei unserem «singenden Allegro» der Fall, aber auch bei Ähnlichkeitsverhältnissen, auf die der langsame Satz verweist. Ein spielerisch immer wieder anders ausgelotetes Repertoire an Gestaltungsmöglichkeiten in den Grenzen eines bestimmten Satztyps schafft ein intertextuelles Beziehungsgeflecht, das wie ein werkübergreifendes Instrumentaltheater immer wieder einander ähnelnde und doch jederzeit unterschiedliche «Figuren» auftreten, aufeinander verweisen und sich verbinden lässt – kleingliedrige Gesten betrifft das ebenso wie Motive oder gar ausgedehntere thematische Strukturen. Mit methodologischen Grundbegriffen wie «Modellen» und «Mustern» können auf diese Weise kompositorisch-strukturelle Korrespondenzen über Werk- und Gattungszusammenhänge angezeigt werden, die letztlich an einen zentralen Aspekt von Mozarts «Originalität» zwischen Allgemeinem und Besonderem, epochengebundenen Stilmerkmalen und personalen Individualitäten rühren; deren fluktuierendes Verhältnis kann nie gänzlich offengelegt werden, erfindet es doch von Werk zu Werk und vor allem auch dazwischen immer wieder neue Formulierungen. Die lebendige Weltoffenheit des Mozart'schen Komponierens hat auch hierin ein Pendant. Das assoziative Wachstum vieler kompositorischer Gebilde führt sowohl in Vielheit voneinander weg, wie diese zugleich immer wieder auf identifizierbare Weise aufeinander zustreben. Dazu gehören Beziehungen über satztechnische, formale und gattungsspezifische Phänomene, die ein weites Geflecht innerhalb der Werke, von Werkgruppen und sogar darüber hinaus spannen und letztlich eine wesentliche Grundlage für Mozarts ebenso unverwechselbaren wie kaum definitiv festzulegenden Personalstil bilden. Eine derartig individualisierende Intertextualität, gleichsam im Dienste angestrebter Originalität, gründet allerdings weniger in einer strukturell-konstruktiven Reflexionsebene, die auf verarbeitungstechnische Prinzipien abhebt, als vielmehr in einem offenen, theatralen Assoziationsraum, innerhalb dessen man sich erinnert, wieder vergisst, verändert, erneut aufgreift usw. So schimmert das Modell realen Lebensvollzugs in der künstlerischen Vergegenwärtigung durch und erzeugt eine prinzipiell «lebensvolle» Musik (Otto Jahn, Mozarts erster Biograph).

Auffällig wirkt innerhalb des Kopfsatzes der affirmative Charakter des zweiten Themas auf der Dominante in F-Dur (ab T. 23), da dessen bestimmte Dramatik nicht nur kurzzeitig den kantablen Fluss unterbricht, sondern darüber hinaus den Eindruck eines eigentlichen ersten Hauptthemas erweckt – zumindest so, wie es übliche Konventionen einer Sonatenhauptsatztextur nahelegen würden. Die Nähe zu entsprechenden Kopfsatzhauptthemen, beispielsweise aus KV 309 und KV 311, scheint dies zu bestätigen; aber auch zum Hauptthema der frühen Sonate KV 280, das sogar ebenfalls in F-Dur steht, ist eine entsprechende Struktur- und Charakterähnlichkeit erkennbar. Für die Dramaturgie des Kopfsatzes von KV 333 bedeutet dies eine latente «Umwertung» der üblichen Werte, da die lyrische Kantabilität, die das gesamte Werk prägt, jetzt an den zentralen Beginn gestellt ist, während der gängige Hauptthementypus, gleichsam marginalisiert, an die zweite Stelle rückt. Der «Alibi-Charakter» eines Gegengewichts als Seitenthema wird allerdings sofort dadurch deutlich, dass bereits nach zwei Takten der kantable Duktus mit melodischen Vorhaltgesten sofort wieder aufgegriffen wird (ab T. 25), somit die charakterliche Einheit des Satzes, ja der gesamten Sonate nur episodenhaft unterbrochen erscheint. Über die beiden Hauptthemen hinaus wird der Satzverlauf von einem vielfältigen Gesten- und Motivreichtum getragen, der in einen ausbalancierten Prozess verwoben ist – vor allem die harmonischen Proportionierungen schaffen hier die entscheidende Vernetzung und überwölben gleichsam im Inneren des Satzverlaufs auch die deutlich erkennbaren, konstitutiven Formteile Exposition, Durchführung und Reprise.

Das Andante cantabile ist ebenfalls als Sonatenhauptsatz angelegt, der allerdings im Unterschied zum Kopfsatz keinerlei Brüche innerhalb des singenden Erzählflusses zulässt. Sowohl das Hauptthema in der Grundtonart Es-Dur (T. 1 ff.) und die beiden möglichen Seitenthemen auf der Dominante (T. 14 ff. und T. 21 ff.) wie die übrigen Überleitungsteile verbleiben im

Fluss einer nahezu naturhaft anmutenden Kantabilität. Weder die interne Kleingliedrigkeit noch die zahlreichen Diminutionen und Verzierungen in der Reprise vermögen daran zu rütteln; dass sich die assoziative Aneinanderreihung zu einer kontinuierlich entfalteten Einheit verbindet, muss erneut als Faktum hingenommen werden, ohne letztlich das Geheimnis der zwingenden Bindemittel gänzlich aufdecken zu können.

Das abschließende Rondo mit seinen konzertierenden Tendenzen entwickelt demgegenüber zwar zweifellos, besonders in den Couplés, hinsichtlich Satztypik und Charakter eine entschieden schärfer pointierte Unterschiedlichkeit; so folgt beispielsweise auf den dramatisch-durchführenden Charakter ab Takt 65 eine nachfolgende Stillstandspartie als überraschende Reaktion (T. 72–74) sowie anschließend ein entspannt-tänzerischer Teil in punktiertem Rhythmus (ab T. 76) und dialogisierenden Wechseln (vor allem ab T. 87). Dennoch übersteigen diese Differenzen ein gewisses Maß nicht, so dass der grundsätzlich melodische Fluss nie gänzlich gebrochen wird. So wird die disparate Vielgestaltigkeit doch in einer gewissen Einheitlichkeit gehalten, zumal eine schnelle und überzeugende Rückholung in den kantablen Grundcharakter durch das beiläufig immer wieder eingeführte Hauptthema stattfindet (z. B. ab T. 91). Besondere Akzente setzen die einmal kurz eingestreute «Cadenza in tempo» (ab T. 171) sowie danach ein vor dem letzten Auftreten des Formteils A größer dimensionierter, kadenzartiger Eingang (ab T. 158) – von Mozart selbst mit «ad libitum» bezeichnet. Wie schon in den Finalsätzen von KV 311 oder KV 332 entwickelt sich hier eine von Virtuosität getragene architektonische Breite, die durchaus Gestaltungsprinzipien der Konzertform aufgreift.

Insgesamt nimmt der musiksprachliche Charakter dieser erneut «großen» Sonate aufgrund der nahezu durchgehend kantablen Melodisierung und der damit einhergehenden reduzierten Kontrastbildung eine verstärkt erzählend-epische Dimension an. Selbst das konzertant anmutende Finale scheint davon infiziert, auch wenn, wie so oft bei Mozart, ein vordergründig kindlich-naives Hauptthema den Ausgangspunkt bildet. Hier entsteht gerade dadurch eine Art «Fallhöhe» innerhalb des Erzählflusses; selbst die vielgestaltig entwickelte, ausschweifende Virtuosität wird einbezogen, kehrt allerdings immer wieder zu scheinbar beiläufiger Diktion zurück – besonders eindrucksvoll nach der Schlusskadenz ab T. 199.

Dritte Phase

Erhöhte Individualisierung und verstärkte Autonomie: Späte Wiener Sonaten

Bei einem Komponisten, der wie Mozart gerade einmal 35 Jahre alt geworden ist, mag es zunächst merkwürdig erscheinen, von «Spätstilistik» zu sprechen. Bei genauerer Betrachtung seiner Biographie und der daran gekoppelten Produktivität kann man sich allerdings des Eindrucks nicht erwehren, dass in seinem Falle alle Ereignisse wie in einer Art Zeitraffer stattfanden. Der teilweise rasende Erlebnisstrom, der vor allem durch die zahlreichen Reisen vor der Wiener Zeit eine ungeheure Beschleunigung hervorrief, verweist auf eine enorm erhöhte Geschwindigkeit, die schon den Lebensstil des Knaben prägte. Über die Reisen hinaus ruft schon alleine die geleistete Schreibarbeit höchstes Erstaunen hervor, die vielleicht nur noch der Kreativitätsdichte des noch jünger verstorbenen Franz Schubert vergleichbar ist. Aus dieser Perspektive vollziehen sich natürlich auch Entwicklungsschübe schneller, so dass man trotz der objektiv kurzen Lebens- und Produktivitätszeit dennoch eine spätstilistische Phase Mozarts etwa ab Mitte der 80er Jahre festmachen kann – also die Lebensjahre, die er vornehmlich in Wien verbrachte. Allerdings bereitet es Schwierigkeiten, die entsprechenden stilistischen Eigentümlichkeiten wirklich präzise zu erfassen – anders bei Bach, Beethoven oder auch Schubert, wo sie offenkundiger liegen. Die nahezu vegetativ-naturhafte Entfaltung der Mozart'schen Musik, der auch gelegentlich vorhandene Skizzen oder Entwürfe keinen Abbruch tun, lässt zwar einerseits entwicklungsspezifische Differenzen erkennen, löst diese aber zugleich immer auch in einer universalen Flexibilität des Komponierens auf – Heraklits berühmter Spruch «panta rhei» («alles fließt») scheint durchaus angebracht.

Zumindest ist klar, dass die vier verstreuten Sonaten der letzten Zeit in einem allgemeinen Sinne dort anknüpfen, wo das gewaltige Werkkonzept der Phantasie und Sonate in c-Moll KV 475/457 hingeführt hatte: nämlich zu einer zunehmenden Individualisierung und Autonomisierung der je einzelnen Werkverläufe, was sich schon rein äußerlich in der Veröffentlichung als Einzelpublikationen widerspiegelt. Darüber hinaus fällt auf, dass keine stilistischen und kompositionstechnischen Errungenschaften der früheren Zeit je gänzlich verlorengingen, vielmehr aufgehoben im dreifachen Hegel'schen Sinne erscheinen – als bewahrt, überhöht und gleichzeitig überwunden – und vielfachen Zuwachs erfuhren: zum einen natürlich durch die zunehmende, größtenteils durch Gottfried van Swieten vermittelte Kenntnis älterer Musik, vor allem Johann Sebastian Bachs und Georg Friedrich Händels, zum anderen aber auch durch ein gesteigertes Reflexionsvermögen und einen entsprechenden Abstraktionswillen, der Einflüsse konzentriert und kanalisiert.

Dramatische Szenerien: Phantasie und Sonate in c-Moll KV 475/457

Dem vorangegangenen Werk KV 333 ist diese Sonate mit vorgeschalteter Phantasie – die beiden Teile sind zu unterschiedlichen Zeiten entstanden, KV 457 wohl im Oktober 1784, KV 475 dagegen erst im Mai 1785 – diametral entgegengesetzt: Die dramatisch aufs Äußerste geschärfte, extrem kontrastreiche Gegenüberstellung des thematischen Materials radikalisiert die Position der Sonate sogar im Verhältnis zu der in a-Moll KV 310 nochmals entschieden. Allein der analoge Beginn von Phantasie und Sonate, die in gedrängter Zeit und auf engem Raum forte- und piano-Motive filmschnittartig aufeinanderprallen lassen, weist weit in die Zukunft und wird erst wieder in Sonatenkonzeptionen wie der ebenfalls in c-Moll stehenden op. 10 Nr. 1 von Beethoven aufgegriffen. In gebührendem zeitlichem Abstand folgen also auf den episch-kantablen Erzählcharakter von KV 333 die dramatischen Szenerien von KV 475/457. So kann unter dem Aspekt der Kontrastbildung erneut auf eine gewisse entwicklungsgeschichtliche Folgerichtigkeit im Werk verwiesen werden: Auf die Trias-Konzeption von KV 330–332 folgt das Gegensatzpaar von KV 333 und KV 475/457. Die Kombination von Phantasie und Sonate könnte durchaus auf ähnliche Paarungen in der «Sammlung für Kenner und Liebhaber» von Carl Philipp Emanuel Bach verweisen.

Die Widmungsträgerin war Mozarts Schülerin Therese von Trattner, Ehefrau des Hofbuchdruckers Johann Thomas von Trattner; zwischen den Familien bestand ein freundschaftliches Verhältnis – so waren die von Trattners mehrfach Taufpaten Mozart'scher Kinder; zudem bewohnten die Mozarts 1784 eine Wohnung im «Trattnerhof», einem Wohnkomplex «Am Graben» in Wien, den die wohlhabende Familie bauen ließ.

Wahrscheinlich wurde die Phantasie von Mozart im Hinblick auf die geplante Drucklegung der Sonate 1785 komponiert, was die vielfältigen Beziehungen zu erklären vermag und dieses umfangreichste Solo-Klavierwerk tatsächlich als eine Einheit erscheinen lässt und nicht etwa nur als Ergebnis von Eigenmächtigkeiten des Wiener Verlegers Artaria. Zudem stellt das Werk den ersten Fall einer gesonderten Solopublikation dar, die Mozart selbst betrieb und begleitete. Dies ist weit mehr als reine Äußerlichkeit, da sich hierin der verstärkte Wille des Komponisten zur Individualisierung, ja Autonomisierung einzelner Werke andeutet – bislang wurden alle Sonaten in Sammelpublikationen veröffentlicht. Der singuläre Werkkomplex von KV 475/457 kann allein unter dieser Perspektive als eine Art Übergang zu den vier letzten Wiener Sonaten (1788/89) begriffen werden, die alle einzeln erschienen – eine Tendenz, die sich dann bei Beethoven beginnend im Frühwerk mit der Sonate in Es-Dur op. 7 Schritt für Schritt fortsetzt. Die Kombination von Phantasie und Sonate war allerdings nicht grundsätzlich neu, schon 1768 hatte der Leipziger Musikdirektor Georg Simon Löhlein eine «Phantasia und Sonata» als op. 2/4 veröffentlicht. Auch die Tendenz, großangelegte Sonaten mit langsamen Einleitungen zu versehen, wie dies Mozart selbst in seiner kurz vorher in Druck gegebenen Klavier-Violin-Sonate in B-Dur KV 454 praktizierte, weisen in eine ähnliche Richtung.

Der formale Aufbau der Phantasie differiert in den Angaben

zwischen Autograph und Erstdruck: wird in Mozarts Handschrift eine Vierteiligkeit angegeben – Adagio-Allegro-Andantino-più Allegro –, so wird diese durch die Hinzufügung des abschließenden «Primo tempo» (ab T. 161) im Erstdruck ergänzt; die offensichtliche Reprise des ersten Teils als eigenen Abschnitt nochmals anzugeben, erschien dem Komponisten wohl zunächst überflüssig.

Im Gesamten haben wir in Charakter und Affekt sehr unterschiedliche, eben «phantasievoll» aneinandergereihte Formteile vor uns, die über die vorgezeichneten Ausdrucks- und Tempoangaben hinausreichen. Schon das erste Adagio entfaltet sich in zwei kontrastierenden Blöcken – mit dramatisch-dunklem Affekt von c-Moll ausgehend (T. 1–25) und zu lyrisch-erzählendem D-Dur führend (T. 26–35) –, wobei im zweiten Teil eine zweifache Wiederholung vorliegt, wohl um in etwa analoge Längenverhältnisse zu erreichen. Auch das nachfolgende Allegro entwickelt zunächst einen symphonisch-flächenhaften Charakter in Moll, versehen mit dichter Dramatik und tremolierenden verminderten Septakkorden (T. 36–55), um danach in einem zweiten Teil, ganz nach dem Differenzierungsmodell des vorangegangenen Adagio, einen lyrisch-kantablen Erzählduktus in Dur anzuschlagen (ab T. 56); dieser geht dann allerdings nach überraschender Moll-Wendung (T. 62) in eine Durchführungspartie über (ab T. 66), die in einen an die Konzerttradition erinnernden, kadenzartig-virtuosen «Eingang» mündet (ab T. 82). Dessen öffnender Schluss führt zum nächsten Formteil, einem dreiteiligen Andantino; dessen erster Teil (T. 86–101) mit kleingliedriger Gestenreihung erhält als Kontrast im zweiten (ab T. 102) eine kantable Linienführung mit pulsierenden Begleitrepetitionen (ab T. 102), um schließlich in eine variierte Reprise (ab T. 114) zu führen. Das nachfolgende più Allegro enthält dann, wie die beiden Formteile vor dem Andantino, erneut eine interne Zweiteiligkeit: Zunächst erscheinen virtuose, klangdichte Figurationszüge, wiederum aus dem stilistischen Umfeld von Solostimmen aus Klavierkonzerten stammend (T. 125–140), danach eine Art figurativ-klavieristisches Instrumentalrezitativ (ab T. 141), das sich in überraschende Höhen verliert, ja absichtsvoll zu verschwinden scheint (T. 158–160). Die verkürzte und modifizierte Reprise des Anfangs-Adagios (primo tempo ab T. 161) beschließt dann mit einem fast gewaltsam gesetzten, rasenden Skalenanstieg am Ende (T. 176) das gesamte Werk, von fern an einen schnell sich schließenden Bühnenvorhang erinnernd.

Trotz der Vielgestaltigkeit dieses ungewöhnlich «phantastischen» Satzverlaufs weist die gesamte Entwicklung dennoch eine klare Formdisposition auf, die sich folgendermaßen zusammenfassen lässt: Auf zwei jeweils zweigeteilte Blöcke, die eine Temporelation zusammenbindet (Adagio/Allegro), folgt eine Dreiteiligkeit mit Reprise (Andantino), um schließlich nach einer erneuten internen Zweiteiligkeit (più Allegro) das Reprisenprinzip, das im dritten Formteil bereits eingeführt wurde, mit einer einzelteilübergreifenden, auf die Gesamtkonzeption des Werkes gerichteten Reprise (primo tempo) traditionsorientiert zu beenden. Innerhalb der Grobgliederung in fünf Teile ergibt sich somit eine interessante interne Zehnteiligkeit nach folgendem Schema: A (a-e) – B (b-f) – C (c-g-c) – D (d-h) – A‘ (a‘).

Unter den zahlreichen Beziehungen zwischen Motiven und Klangbausteinen von Phantasie und Sonate soll modellhaft ein Fall angezeigt werden: Der chromatisch absteigende Quartgang im einleitenden Adagio der Phantasie (T. 10–15), im Bass jeweils auf Zählzeit 1, aber auch im Andantino besonders deutlich in der melodischen Oberstimmenführung (T. 102–103) hervorgehoben, findet sich sowohl in der Mittelstimme der figurativen Fortspinnung nach dem Hauptthema des ersten Satzes der Sonate (T. 9–11) wie mehrfach im Adagio wieder – beispielsweise in den Auftaktfiguren zu und in T. 6. Dass es sich bei diesem Baustein um einen allgemein verbreiteten Ausdrucksmodus, nämlich den «passus duriusculus» (in etwa: schmerzhafter Gang) der barocken Rhetorik handelt, nimmt der sicherlich gewollten Bezüglichkeit keineswegs die Bedeutung, hebt sie vielmehr über den subjektiv gesetzten Ausdrucksimpuls hinaus auf eine objektivere historische Ebene. Jedenfalls wird ein gemeinsamer Grundaffekt der beiden Werkteile durch diese

Lamento-Gebundenheit präzise bezeichnet und akzentuiert. Innerhalb der Gesamtentwicklung kann so erst die grundlegende Affektspannung zwischen Tragik und Dramatik aufgelöst und in eine wechselseitige, dramaturgisch kalkulierte Beziehung gebracht werden.

Diese formuliert programmatisch bereits das scharf kontrastierende Kopfthema mit dramatisch aufsteigender Dreiklangsbrechung im Forte (T. 1–2) – Assoziationen an den verbreiteten Thementypus einer «Mannheimer Rakete» in verdüstertem Moll liegen nahe – und vorhaltsgestischer Klagemotivik im Piano (T. 3–4) als Reaktion. Nach der Wiederholung des spannungsreich dialogisierenden Kopfthemas nun in dominantischem G-Dur (ab T. 5) wird nach regelkonform eingehaltener achttaktiger Periodik zunächst der tragische Charakter durch die Lamento-Chromatik bekräftigt (ab T. 9), der jedoch schnell in den konstitutiven Sog erneut dramatischer Gegenüberstellungen gerät – zunächst durch scharfe Punktierungen und dissonante Vorhaltsharmonik angedeutet (T. 13–16), um sodann bestätigend zum Themenkopf rückzuleiten (ab T. 17). Wir haben hier nicht nur einen ebenso vielgestaltigen wie prinzipiell dreiteilig-reprisenartig angelegten ersten Themenblock vor uns (T. 1–22 : 1–8/9–18/19–22), sondern darüber hinaus eine interne Entwicklungsdynamik, deren Spannungsverhältnis innerhalb der exponierenden Funktionen zugleich den Charakter einer durchführungsartigen Zone andeutet.

Das in der Paralleltonart Es-Dur lyrisch-kantabel entfaltete zweite Thema (ab T. 23) wirkt auf merkwürdige Weise wie das beschleunigte Motiv eines eigentlich langsamen Satzes – man kann es ohne weiteres sinnfällig in einem imaginierten Adagio oder zumindest Andante spielen; dadurch entsteht eine nervöse Innenspannung, die im gesamten zweiten Themenblock erhalten bleibt, auch in dessen zweitem Teil (ab T. 36), der zusätzlich mit einer Modifikation des Themas und den Dialogcharakter verstärkenden Überschlägen der melodieführenden rechten Hand versehen ist. Der Zwischencharakter einer absichtsvoll beschleunigenden Langsamkeit öffnet sich dann am Ende der Exposition erneut Durchführungstendenzen, die wiederum in

Passagen aus dem Repertoire von möglichen Solofigurationen eines Klavierkonzertes münden (ab Takt 51).

Die relativ kurze Durchführung (T. 75–99) kann sicherlich als Resultat dessen gesehen werden, dass bereits entsprechende dramatisch-verarbeitende Partien in die Exposition eingewoben wurden. Im Sinne eines übergeordneten Ausgleichs dazu erscheint am Ende der Reprise eine eigens durch Doppelstriche markierte Coda (ab T. 168), die die aufschießende Dreiklangsbrechnung des Kopfthemas in zusätzlich dramatischen Imitationen nochmals final aufgreift (T. 168–173), um danach in kadenzierenden Piano-Figurationen zu einem geheimnisvollen Verschwinden in Pianissimo-Akkorden rückzuleiten – der Eindruck eines sich auflösenden Spuks lässt sich kaum von der Hand weisen.

Das dynamisch-kontrastreiche, aus der Reihung vielfältiger Kurzgestik entwickelte Adagio des zweiten Satzes könnte über seine fast expressionistisch anmutende Affektdichte hinaus als Paradigma für Mozarts Verzierungskünste im Dienste eines sich steigernden Ausdrucks gelesen werden. Wie sehr deren intensivierende Verlaufslogik traditionelle Gestaltungsprinzipien unterlaufen kann, belegt schon die irreguläre Siebentaktigkeit des ersten Themenblocks (T. 1–7). Der dicht bezeichnete Satzverlauf sucht geradezu obsessiv nach individuellen Ausdrucksdimensionen – die wohl einmalig eingesetzte Vortragsangabe «mancando» (in etwa: «sich verlierend») belegt dies eindrucksvoll (T. 15); verbunden damit ist eine entsprechende musikalische Textur, die mit dem Anstieg in extreme Höhen der Klaviatur den Eindruck einer Art von «Levitation» erzeugt, die sich in dieser Weise erst wieder in Werken des Beethoven'schen Spätstils findet.

Das abschließende Rondo, das in den unterschiedlichen Quellen von Mozart selbst einmal mit «Allegro assai», dann wieder mit «Allegro agitato» bezeichnet wird, scheint von fern durch seine Perpetuum mobile-artige Bewegungsenergie einerseits und den vielfachen abrupten Abbrüchen andererseits auf das Finale der im Charakter vergleichbaren Sonate in a-Moll

KV 310 rückzuverweisen. Am Ende des Finalsatzes findet sich unter spieltechnischen Gesichtspunkten erneut eine besondere Stelle, die den Klangapparat des Instruments höchst unkonventionell nutzt: Die weite Spreizung des Ambitus zwischen Begleitung und der in punktierten Halben manisch insistierenden Linienführung (ab T. 293) stellt einen einmaligen Sonderfall dar, der eine zum Zerreißen gedehnte Spannung im Inneren des Tonsatzes initiiert, wie sie derart radikal wiederum erst im späten Sonatenwerk Beethovens aufgegriffen wird. Zudem scheint der intervallische Duktus ab T. 302 deutlich an den Beginn der Phantasie angelehnt, somit tatsächlich ein weiträumiger Bogen zwischen beiden Werkteilen intendiert und realisiert. Unter anderem an dieser Stelle zeigen übrigens sowohl Autograph als auch Erstausgabe als auch eine wichtige Widmungskopie der Sonate im Detail erneut diverse Varianten an. Wir haben es hier mit einer der verwickeltsten Quellenlagen aller Klavierwerke zu tun, was anhand der vielfach in Drucklegungen angegebenen Alternativen nachvollziehbar wird und die Entscheidungen des Interpreten einfordert. Natürlich können beide Werke auch unabhängig voneinander aufgeführt werden – Mozart selbst soll in seinem Konzert am 12. Mai 1785 in Leipzig nur die Phantasie alleine gespielt haben. Trotz der offensichtlichen Beziehungen wird dies letztlich durch die kompositorisch-formale Faktur der beiden Werkteile ermöglicht, die doch recht unterschiedlich ausfällt: In der Phantasie haben wir eine parataktische Reihung von fünf im Affekt sehr verschiedenen, in sich binnengegliederten Abschnitten vor uns; die Sonate hingegen weist syntaktisch vermittelte Satzteile auf, wie die Sonatenhauptsatzform mit klar gegliederten und aufeinander bezogenen Formteilen im ersten Satz oder die rondoartige Anlage im Finale. So verband Mozart ein freies Charakterstück, das auch in seiner formalen Disposition in der Tradition der «freyen Phantasien» Carl Philipp Emanuel Bachs steht, mit einem gebundenen Sonatenzyklus, bewahrte dabei jedoch über den intendierten Beziehungsreichtum hinaus immer auch eine gewisse Selbständigkeit.

Blick zurück nach vorn: Sonate in F-Dur KV 533/494

Früheste Schicht dieser letztlich traditionell dreisätzigen Sonate ist das Einzelstück KV 494 aus dem Jahr 1786, «Ein kleines Rondò für das klavier allein», wie Mozart im eigenhändig verfassten Werkverzeichnis vermerkt. Aus dem ursprünglichen Andante wird dann, mit kleinen Varianten und einem 27-taktigen Einschub versehen, das Allegretto des Finales der Sonate KV 533. An dieser Mutation wird einmal mehr deutlich, wie nahe ein bei Mozart meist fließendes Andante tempospezifisch an einem galanten Allegretto liegen kann – andernfalls wäre diese Umdeutung kaum möglich gewesen. Der Einschub im Sonatenfinale (ab T. 152 ff.), der mit Einschränkungen als eine Art Kadenz gesehen werden kann, liefert zwei Gestaltungsaspekte nach, die für den Charakter der Sonate insgesamt wesentlich sind und im ursprünglichen Andante kaum eine Rolle spielten: Polyphonie, die als ein vielstimmiges, eng geführtes Fugato in Erscheinung tritt (T. 152–160), und konzertante Virtuosität, wie in der Kadenz (T. 164–169) mit abschließendem Dominant-Triller – beides erhöht die angestrebte finale Wirkung.

Demgegenüber entstanden der erste und zweite Satz der Sonate im Jahre 1788, im Werkverzeichnis ursprünglich als «Ein Allegro und Andante für das klavier allein» ausgewiesen; auch die Edition der gesamten Sonate fällt in dieses Jahr, allerdings müssen die Gründe für diese Zusammenstellung im Dunkeln bleiben, da nach dem großen Erfolg des «Don Giovanni» (UA 1787 in Prag) zumindest kein finanzieller Druck vorzuliegen scheint, der eine neue, verkaufsträchtige Publikation notwendig gemacht hätte. Schon der einzigartige Beginn des schnellen Sonatenhauptsatzes deutet auf einen zentralen Aspekt dieses ebenso kunstvollen wie weiträumig angelegten Werks hin: Drei Takte lang tritt in der rechten Hand ein unbegleitetes Thema auf, das so eine Art Fugenbeginn anzudeuten scheint, jedoch plötzlich intern eine Wiederholung erfährt, um sodann in T. 4 eine begleitende Klangstütze zu erhalten; überraschenderweise wiederholt sich dieser Vorgang in der linken Hand (T. 9–11 und danach) und entfaltet eine weiterführende Fortspielung nach erneutem Stimmtausch (ab T. 15). Auf diese zu durchgearbeiteter

Mehrstimmigkeit auffordernde Exposition des ersten Themas folgt dann tatsächlich ein kunstvoll entwickelter, zu einem größeren Block zusammengefasster meist dreistimmiger Satzverlauf (bis T. 41), der wie selten bei Mozart stimmführungstechnisch weitgehend in konsequent durchgeführter Polyphonie ausgeführt und immer wieder von Imitationsphrasen, Sequenzen und kurzen Fugati durchzogen ist. Der weiträumige Charakter architektonisch abgesetzter Blöcke wird danach fortgesetzt: zunächst erscheint ein mit Triolenfigurationen durchwirkter zweiter Themenkomplex auf der Dominante in C-Dur – initiiert durch ein gestisches Einzelton-Sforzato auf G in Takt 41 –, der erneut eine Art zugleich dialogisierende wie polyphon durchgearbeitete Satzfaktur, jetzt in tendenzieller Zweistimmigkeit entfaltet. Darauf folgt eine humorvoll-derbe, leicht ironisierende Marschrhythmik, die zunächst, dem Satzbeginn entsprechend, einstimmig exponiert wird (T. 66–69); danach etabliert sie, einer Gegenreaktion gleichkommend, einen fixierenden Orgelpunkt auf G im Bass (ab T. 70), über den sich erneut Gesten sequenzierender Imitationen entwickeln. Der vierte und letzte Figurationsblock greift dann (ab Takt 89) die Triolenrhythmik als durchlaufendes Kontinuum im Sinne einer ebenfalls weiträumigen Coda um die Dominante C-Dur herum auf. Die bewegungsspezifische Zerdehnung dieser wohl umfangreichsten Exposition einer Mozart'schen Klaviersonate arbeitet mit motivisch-gestisch recht ähnlichem Material und erzeugt so einen relativ hohen Grad weit aufgefächerter Einheitlichkeit. Im Inneren entwickelt sich als prozesshaft tragendes Moment ein einzigartiger Wechsel zwischen Mehrstimmigkeitstendenzen und homophon gehaltenen Skalen- und Dreiklangsbewegungen, die gelegentlich abstrakt-etüdenhafte Züge annehmen.

Diese grundlegenden Intentionen spinnt die in umgeschlagenem c-Moll beginnende Durchführung fort (ab T. 103), auch wenn zunächst alleine die triolische Bewegungsmotorik dominiert. Durch die tendenzielle Anpassung der weiträumig entfalteten Bewegungsenergien entsteht gerade auch in diesem Formteil im Gesamten ein leicht uniformes Satzgebilde – eine latente «Uneigentlichkeit» allen motivisch-thematischen Geschehens –, was man durchaus als Ergebnis eines vereinheitlichenden Abstraktionsprozesses deuten kann; dieser gründet letztlich in einer sich selbst beobachtenden und reflexiv agierenden Autorschaft, gelegentlich nicht ganz frei von humoristischen, ironisch-distanzierenden Einwürfen, wie die forte-sforzato-Initialgestik in Oktaven deutlich macht (erstmals T. 125). Die weiträumig angelegten, auf Nähe und Einheit ausgerichteten Bewegungsräume sind letztlich auch dafür verantwortlich, dass über die architektonisch abgesetzte Blockbildung hinaus ein prinzipiell schwebender Gesamtcharakter entsteht, der wie auf einer Metaebene die bewegungsspezifische Figurationseinheit für die ästhetische Erfahrung konstituiert.

Das motivisch wie harmonisch zerklüftet wirkende Andante ist ebenfalls in Sonatenhauptsatzform angelegt; im Zentrum steht eine Durchführung, deren mächtige Oktavgänge, Figurationsvirtuosität und beinahe manisch anmutenden Sequenzzüge gleich zu Beginn (ab T. 47) eine enorme Expressivität entfalten. Insgesamt liegt innerhalb des Satzverlaufs eine offensichtlich starke Annäherung zwischen den motivisch-figurativen Bausteinen vor, die allerdings zusätzlich durch eine fortlaufende Beschleunigung bereits in der Exposition eine satzteilübergreifende Zielgerichtetheit erhält: bis Takt 32 zunehmende Sechzehnteldominanz, ab Takt 33 dann Triolen, gegen Ende ab T. 40 schließlich Zweiunddreißigstel.

Darüber hinaus entfaltet sich der weitgesponnene, kantabel-melodische Verlauf modellhaft in charakteristischer Weise als verbundene Reihung kleiner Gesten und Motivbausteine – eine der auffallendsten Konstanten in den langsamen Mittelsätzen des Mozart'schen Sonatenœuvres. Das Ideal unbegrenzter Melodiefähigkeit und grenzenlosen Einfallsreichtums, das immer wieder für Mozarts Musik reklamiert wird, entpuppt sich häufig als ebenso klug wie intuitiv disponiertes und inszeniertes Reihungsprinzip eng sich verflechtender, kleinster Motivteile. Vom Prinzip her ist dies dem Modell der «unendlichen Melodie» bei Richard Wagner nicht unähnlich, die zumeist nur durch den vermittelnden Kitt durchchromatisierter Harmonik aus den einfachen, ebenfalls meist kleinen Bausteinen der Leitmotive eine scheinbar unendlich fließende, kontinuierliche Linearität erzeugt. Dass hier eine Analogie zwischen zwei der bedeutendsten Vertreter der Geschichte des Musiktheaters erkennbar wird, ist kein Zufall und wohl dem gemeinsamen Anliegen geschuldet, in möglichst enger Verzahnung musikdramatischen Fluss zu erzeugen. Harmonische Gestaltungsmittel spielen zwar in Mozarts Linienzügen auch eine gewisse Rolle, wesentlicher aber scheint hier doch eine rhetorisch-motivierte Dramaturgie aus dem Geist korrespondierender theatraler Dialoge zu sein, die sowohl die regulär in zwei- bis viertaktigen Einheiten verlaufenden Binnenstrukturen wie auch die irregulär-prosaischen Zusammenhänge miteinander verbindet. Im klanglichen Bereich deuten sich vor allem in der Durchführung dieses Satzes Innovationen an, die erneut von fern an entsprechende Texturen des späten Beethoven gemahnen: so führen dialogisch gegeneinander geführte Oktav-, Sext- und Terzzüge ab Takt 60 in eine abstürzende Sechzehntel-Dreiklangsbrechung, die einen enorm gespreizten Ambitus vom hohen E''' bis zum tiefen Kontra-F durchmisst.

Das zunächst galant erscheinende Rondohauptthema des Finales erhält über die beiläufig wirkenden Umspielungen ein plötzliches und überraschendes Gegengewicht durch ein Couplé in Moll (ab T. 95); dessen generalbassähnliche Bewegungsmotorik, sowie die in den ersten vier Takten konsequent in polyphoner Dreistimmigkeit geführte Sequenztechnik, die sich im zweiten Teil fortsetzt (ab T. 103), lässt erneut eine offensichtlich historisierende Tendenz erkennen. Mozarts selbstreflexive Ästhetik sucht die Individualität und damit Autonomie des einzelnen Kunstwerks mehr und mehr auch im Spiegel angeeigneter Vergangenheit. Dass dies in unangestrengter Selbstverständlichkeit ebenso möglich ist, dokumentiert nicht zuletzt die lapidare Dominant-Tonika-Abschlussgestik der kurzen Coda (T. 184–187).

Im Ganzen ist dieses zusammengestellte Werk als verstörendste, vielleicht avancierteste Sonate Mozarts zu bezeichnen; bei näherer Betrachtung treten fremd anmutende Konstellationen zutage, die über den traditionellen Gestaltungsrahmen des klassischen Stils hinausweisen und eine bemerkenswerte historisierende Tiefendimension erkennen lassen. Mit diesem Ausscheren aus seiner selbst entwickelten Sonatentypik verbindet sich ein schwer im Detail zu erfassender Zug von Melancholie und Ironie, der innerhalb der Öffnung und Erweiterung auch eine Art Rücknahme signalisiert. Nach der direkten Setzung dramatischen Klangspiels im c-Moll-Werk KV 475/457 scheint diese Sonate am weitesten von direkter instrumentaler Theatralität entfernt zu sein, vielmehr im Rückgriff auf strenge Satztechniken eine neue Dimension selbstreflexiven Verfahrens anzudeuten.

Einfachheit als Abstraktion: Sonate in C-Dur KV 545

Generell wird unübersehbar, dass in den späten Sonaten der direkte theatrale Zugriff und die Vielfalt assoziativ und oft rasch wechselnder Gestalten zurücktritt – zugunsten einer verstärkten Tendenz zu intervallisch abstrahierender Motivbildung mit erhöhter struktureller Bedeutung. Die im Werkverzeichnis von Mozart am 26. Juni 1788 eingetragene «kleine klavier-Sonate für anfänger», die im Erstdruck (1805) später dann sogenannte «Sonata facile» in C-Dur KV 545, kann hierfür als Musterbeispiel gelten. In reduzierter Gestalt scheint der erste Satz nahezu akademisch vorführen zu wollen, wie ein Sonatenhauptsatz in konzentriertester Form zu gestalten sei – die Bezeichnung «facile» muss sicherlich auch auf den kompositionstechnischen Zugriff bezogen werden, zumal die spieltechnischen Anforderungen gar nicht so gering zu veranschlagen sind. Die symmetrisch gebauten Themen werden wie prototypische Exempel vorgestellt, die in ihren Einzelteilen ebenso überdeutlich durch Pausen abgesetzt sind (T. 1–4 und T. 14–17) wie generell weitgehend alle Formteile – z. B. in T. 12 zwischen erstem und zweitem Thema oder in T. 28 zwischen Exposition und Durchführung. Eine auffällige Besonderheit lässt sich ausmachen, die allerdings in ihrer Offensichtlichkeit ebenfalls fast didaktische Züge trägt – als ob Mozart zeigen möchte, dass selbst in einem lehrbuchartig angelegten Kontext immer auch Ausnahmen zur Regel gehören: Die Rückführung zur Reprise mündet nicht in die Tonika, sondern in die Subdominante (T. 41–42), was wie eine Überblendung von Durchführung und Reprise wirkt und gleichzeitig das nachfolgende zweite Thema ohne weitere modulatorische Eingriffe ganz selbstverständlich auf der vorgesehenen Tonika erscheinen lässt (T. 59).

Das verwandte motivisch-thematische und figurative Material wird, ebenso allgemein abstrahierend wie pädagogisch präsentierend, auf strukturelle Basiselemente des Wiener klassischen Stils rückgeführt: einerseits Dreiklangbrechungen – z.B. erster Themenkopf (T. 1–2) und zweiter Themenkopf (T. 14), Überleitungsfigurationen (T. 18 ff.)., Coda-Figurationen (T. 26 ff.), Durchführungsbeginn (T. 29–30) –, andererseits diatonische Skalenbewegungen – z.B. Überleitungsfiguration zum zweiten Thema (T. 5 ff.) und sequenzierende Durchführungsbewegungen (T. 31 ff.). Zudem erfolgen die meisten harmonischen Fortschreitungen ohne färbende oder spannungsintensivierende Chromatik in rein diatonischen Verbindungen oder Rückungen, so dass ein gestaltungsspezifischer Reduktionismus festzustellen ist, der didaktische Absichten mit reflektierender Abstraktion verbindet. Dem entspricht auch die offensichtlich reduzierende Stauchung thematischer Periodenbildung auf zweimal zwei statt zweimal vier Takte bei beiden Zentralthemen (T. 1–4 und T. 14–17); diese fügt sich nahtlos in das generelle Gefüge konsequent vorgeführter 2–4–8-taktiger Gruppierungen ein.

Der Vorstellungs-Charakter gattungstypischer Satzgebilde wird bestätigt durch das überraschend kurze Rondo im Mozart-typischen Allegretto, das wie die Präsentation einer Miniatur von 73 Takten angelegt ist, sowie durch das schwebend-erzählende Andante, das die melodischen Gestalten in genau kalkulierten formalen Abgrenzungen und Proportionierungen über einem durchgehenden Kontinuum von Albertibässen – der lehrbuchartigsten Begleitfloskelbildung, die überhaupt denkbar ist – verlaufen lässt. Die formale Struktur des kontinuierlich entfalteten Erzählflusses realisiert in diesem Andante auf besondere Weise den grundsätzlich intendierten Reduktionismus: es verwirklicht eine Konzeption zwischen Rondo und verarbeitenden Tendenzen der Sonatensatzform, die jedoch beide zugleich in ihren ausdrucksspezifischen Grundsätzen durch eine konsequent beibehaltene Monothematik unterlaufen werden; der Zweitakter zu Beginn bleibt als vorgegebener formaler Umriss Grundlage der kontinuierlich verlaufenden Korrespondenzmelodik, seine rhythmische Struktur gibt das Modell für die meisten Motivbildungen ab. Formale Vieldeutigkeit wird so im Einklang mit gezielten Reduktionsmaßnahmen erreicht. Diesen entspricht auch das jegliche Fehlen von Vortragsangaben – übrigens in allen drei Sätzen; allerdings existiert keine handschriftliche Fassung, die dies als erklärte Absicht definitiv bestätigen könnte. Die Veränderungsqualitäten dieses Satzverlaufs erscheinen primär als harmonische, klangfarbliche und ornamentale Umbeleuchtungen eines eigentlich gleichbleibenden Sachverhalts – ein Gestaltungsprinzip, das in Schuberts späten Sonatenkonzeptionen eine entscheidende Rolle spielen wird.

Das aufs Nötigste reduzierte Modell-Rondo als Finale weist dennoch bemerkenswerte Besonderheiten auf, die ebenfalls wie vorgeführte Möglichkeiten innerhalb prinzipiell eingehaltener Regeln wirken. Auffällig ist zunächst einmal die nahezu abstrakt anmutende Fixierung auf das Terz-Intervall als diastematische Grundlage im Hauptthema: Zuerst vertikalisiert (T. 1/2), dann in horizontaler Sechzehntel-Umspielung (T. 2/3); während die abschließende Floskel in T. 4 eine davon abweichende Quarte abwärts durchmisst, erscheinen in T. 7 zum Abschluss erneut in offensichtlich programmatischer Tendenz Terzen. Solche intervallspezifischen Reduktionen weisen verblüffend auf Verfahren der Neuen Musik voraus – so zeigt sich beispielsweise im terzengebundenen Klavierstück op. 19/2 von Arnold Schönberg eine ganz ähnliche strukturelle Bindung. Aber auch ein unkonventionelles Eindringen des Refrains bereits im ersten Couplet haben wir als weitere Besonderheit vor uns (T. 13/14), sowie kunstvolle Verarbeitungstechniken ab T. 29, die dazu angetan sind, den gesamten Formteil bis T. 51 gleichzeitig als Durchführungspartie erscheinen zu lassen. Schließlich folgt nach dem letzten Auftreten des Refrains ab T. 53 dann ab T. 61 eine abschließende Figurationszone in durchlaufenden Sechzehnteln, die innerhalb dieser konzentrierten Rondo-Miniatur sogar den Eindruck einer Coda erweckt. Wir erkennen also auch innerhalb dieses reduzierten Formkomplexes ein detailliertes Spiel mit Ambivalenzen zwischen Rondoform und Sonatenhauptsatzprinzipien.

Den Charakter eines abstrahierenden Sonaten-Lehrspiels bestärkt auch die Quellenlage: Da ein Autograph nicht zur Verfügung steht, können allein drei zeitlich nahe beieinander liegende Editionen (1805–1809) herangezogen werden, die alle keinerlei dynamische Angaben aufweisen, somit wie ein von der Aufführungspraxis abstrahierter Text erscheinen. Dies signalisiert eine strukturbetonte Objektivität, die die Verschriftlichung als Sachverhaltswiedergabe erscheinen lässt und Sonatenkomposition in den Rang eines abstrahierenden Klangspiels rückt. Gerade durch diesen Reduktionismus erhält das Werk jedoch eine spezielle und unverkennbare Faszination: Komposition erscheint als eine lehrorientierte Szenerie, also doch wiederum als eine Art «Theaterakt», der im Modus abstrahierten Spiels das Modell von Sonatenkomposition vorführt. Insgesamt wird somit im Sinne eines konzentriert reduzierenden Spätstils, wenn auch auf anderer Ebene als in KV 533/494, ein selbstreflexiver Akt als Grundlage des gesamten Werks offensichtlich, der als wesentlicher Bestandteil der intendierten ästhetischen Wirkung zu begreifen ist.

Entspannter Ausgleich: Sonate in B-Dur KV 570

Auch diese Sonate fügt sich in das Bild eines abstrahierenden Spätstils. Sie entstand im Februar 1789 und wurde nach Mozarts Tod im Erstdruck 1796 mit Begleitung einer entstehungsgeschichtlich nicht näher identifizierbaren Violinstimme publiziert. Sowohl der Eintrag Mozarts ins Werkverzeichnis als auch das zu beträchtlichen Teilen erhaltene Autograph bestätigen jedoch eindeutig die ursprüngliche Gültigkeit als Soloversion – vermutlich handelt es sich bei der Duofassung um eigenmächtige Verlegerwillkür. Im ersten Satz finden sich nur dürftige, im zweiten und dritten Satz wiederum keinerlei Vortragsangaben – wir haben gleichsam «weiße», gestaltungsspezifisch überhöhte und zugleich neutralisierte Satztypen der Gattung Klaviersonate vor uns. Schon das Hauptthema des Kopfsatzes deutet erneut den gesteigerten Abstraktionsgrad des späten Sonatenkomponierens an: Die ersten vier Takte bestehen aus nichts Anderem als einer zunächst fallenden, dann steigenden Dreiklangsbrechung in B-Dur im rhythmischen Verhältnis lang-kurz; jede Vielgestaltigkeit im Detail scheint vermieden, schnelle Wechsel zwischen Andersartigem sind getilgt. Dementsprechend füllen die folgenden acht Takte nahezu schematisch zweimal melodisch-figurativ die Grundfunktionen Tonika und Dominante auf (T. 5–12), bevor ein kurzes gestisches Motiv mit charakteristischer Doppelschlag-Auftaktfigur einen Überleitungsteil markiert (ab T. 13), allerdings auch in auffällig klar abgegrenzten, viertaktigen Wiederholungen.

Schon das Notenbild verrät rein äußerlich einen gestaltungsspezifischen Reduktionismus, den man durchaus als Poetik einer weitgehend entspannten, von Expressionsdruck befreiten, auf Annäherung und Ausgleich zwischen Charakteren zielenden Komponierhaltung begreifen kann. Die generell ausladende Periodik der Gruppenbildung unterstützt diese Gelassenheit ebenso, wie sie eine raumgreifende Architektur als formale Grundlage vermittelt. Selbst satztechnische Besonderheiten scheinen sich wie selbstverständlich in das entspannte Klangbild einzufügen: so wirken beispielsweise die beiden überraschend einbrechenden, oktavumspannenden forte-Gesten in T. 21–22 zunächst als Bestätigung der parallelen Molltonart auf g mit affirmativ nachgereichter Dominante D-Dur, um dann ebenso überraschend doch die Subdominante Es-Dur für ein weiteres Thema ab T. 23 nach sich zu ziehen. Dieses ist prinzipiell kantabel gehalten und greift den melodischen Doppelschlag der Überleitungspartie ab T. 12 wieder auf. Der scharfe Schnitt zwischen D-Dur (T. 22) und nachfolgendem Es-Dur (T. 23) wirkt jedoch weniger als dramatisch-gespanntes Ereignis, sondern wie eine weiterleitende Korrektur eines kurzzeitig unbotmäßigen, sofort zurückgenommenen harmonischen «Ausritts». Auch das völlig ungewöhnliche nochmalige Auftauchen des Hauptthemenkopfes in der Dominante F-Dur schon in der

Exposition (T. 41 ff.) – eigentlich der zuständigen Tonart für ein zweites Hauptthema – sowie die nachfolgenden Durchführungstendenzen (ab T. 49) wirken wie eine selbstverständliche Auflockerung, ja Aufhebung konventioneller Gestaltungsprinzipien von Sonatenhauptsatzkomposition. Die prinzipiell zwei Formteile ausbalancierende Durchführung (T. 80–100/T. 101–132) scheint deshalb kürzer ausfallen zu dürfen (nur 52 Takte), als dies die weiträumige Exposition nahe legen würde; in T. 80 wird sie eingeleitet durch die gedoppelte Oktavgestik im Forte aus T. 21–22, jetzt in Gegenbewegung zwischen linker und rechter Hand und im Anschluss an die analog formulierte Geste am Ende der Exposition (T. 79). Dieser akkordisch-intervallische Einbruch fungiert somit im Sinne eines Scharniers zwischen Formteilen, das wie eine filmschnittartige Absetzung ebenso trennende wie verbindende Funktion hat.

Ein interessantes Detail zeigt übrigens die unterschiedlich überlieferte Phrasierung des ersten Hauptthemas: In Mozarts eigenhändigem Werkverzeichnis und dem fragmentarischen Autograph erscheint die Dreiklangsbrechung in B-Dur weiträumig-taktübergreifend – so auch innerhalb der Durchführung ab T. 101 –, während sie im Erstdruck sowohl in der Exposition als auch in der Reprise gerade umgekehrt Einzeltakte zusammenfasst. Nimmt man beide Überlieferungsquellen ernst, so können sie durchaus insofern vermittelt werden, als die ganzteilige Periodenphrasierung im Inneren eine leicht differenzierte Kleinteiligkeit erhalten kann, womit die Feinheit des rhetorisch gebundenen Sprachcharakters akzentuiert wird. Das Ergebnis einer gelingenden Verbindung könnte durchaus die Grundlage für den wohl prinzipiell intendierten schwebenden Charakter dieses nur vordergründig einfachen intervallischen Motivzugs abgeben, der damit programmatisch den gesamten Satz initiiert.

Das folgende Adagio in Es-Dur mit seinen fallenden und steigenden «Hornquinten» als Themenkopf – diese können durchaus als entfernte Antizipation des Kopfthemas im Allegro der letzten Sonate KV 576 gelesen werden – realisiert erneut eine formspezifische Ambivalenz, die sich in scheinbar selbstverständlicher motivischer Fortspinnung zu ergeben scheint. Grundlage ist zunächst eine dreiteilige Liedform der ersten beiden wiederholten Formteile – a: T. 1–4/b: T. 5–8/a: T. 9–12. Daran schließt sich allerdings eine Vielfalt weitergesponnener, zum Teil variativ abgeleiteter, zum Teil gänzlich neu erfundener melodisch-kantabler Motivgesten an, die abgesehen vom letzten Abschnitt (ab T. 40) jeweils wiederholt werden. Somit wird der Eindruck einer fortlaufend durch weiterführende Gedanken und Einfälle generierten Erzählhaltung erweckt, die durchaus zu recht unterschiedlichen Affekten führen kann, so beispielsweise zu einer freigesetzten Moll-Melancholie ab T. 13 ff. Weitergedachtes wie neu Vorgefundenes werden als derart bedeutungsvoll eingeschätzt, dass sie sich durch ein nochmaliges Aussprechen erinnernd einprägen sollen. Innerhalb dieses Prozesses sorgt zugleich das immer wieder gesetzte Auftreten des insgesamt viertaktigen, in sich variiert wiederholten (2+2) Eingangsthemas für eine stabilisierende Kontinuität (T. 1/9/28/44), die dem Satz darüber hinaus rondoartige Züge verleiht.

Auch im finalen Allegretto bleibt die Musik selbst an virtuosen Stellen gelassen, hierin von fern an das Finale des in gleicher Tonart stehenden letzten Klavierkonzerts KV 595 erinnernd; sogar die musikantisch-gassenhauerischen Formteile des Rondos – T. 23 ff. und T. 45 ff., hier gar wie gleichförmig-banale Melodien kindlicher Abzählreime gehalten – verbleiben in einer gewissen Indirektheit, wirken fast wie Zitate aus anderen Welten. Die offensichtlich zur Schau gestellte, durch die einfachen diatonischen Verhältnisse verstärkte Simplizität entfaltet überraschend schnell eine kompositorische Kunstfertigkeit: Durch die dichte Chromatik sowohl nach der viertaktigen Periode in T. 27 wie im direkt gesetzten Zweitakter ab T. 47 wird der Kinderlied-Duktus opponierend unterlaufen. Der schöne Schein kindlicher Einfachheit wird innerhalb des periodischen Vollzugs kompositorisch entlarvt, seine kunstvolle Uneigentlichkeit unmittelbar vorgeführt. Die kurzzeitig gesetzte, naive Utopie scheint von vornherein mit ihrer Dekonstruktion verbunden, die die Unmöglichkeit eines tatsächlichen Gelingens suggeriert. Ob hier absichtsvoll erinnertes Kinderglück ironisch gebrochen werden soll, muss offen bleiben; an der Umsetzung eines kritisch-distanzierenden Verfahrens kann allerdings kaum ein Zweifel bestehen. Im Ganzen entspricht der Satz den Grunddispositionen früherer Rondo-Finale, wo einfache, nahezu umgangsmusikalische Setzungen – zu Beginn hier fast spieluhrartig gehalten (ab T. 1) – dann zu exaltierten Entwicklungen und virtuosen Figurationskaskaden führen. Die Disparatheit und Verklammerung dieses Satzgefüges zeigt eine verdeckte Kompliziertheit, deren scheinbare Selbstverständlichkeit allein aus einem grundlegend reflektierenden kompositorischen Zugang heraus zu erklären ist.

Das technisch durchaus anspruchsvolle Werk scheint generell die Tendenz zu verfolgen, die improvisiert wirkende Kleingestik mit raschen Wechseln, die in der frühen und noch in der mittleren Phase charakteristisch war, in klar gegliederte, weiträumige Formverläufe aufzulösen. Dadurch entsteht anstelle einer direkten instrumentalen Theatralität eine eher beobachtend-distanzierte, die auf einen dazwischengeschalteten Reflexions-Horizont hindeutet. So wird eine aus struktureller Reduktion und Konzentration gewonnene Gelassenheit erlebbar, die Expressivität und deren begleitende Beobachtung miteinander verbindet.

Gesteigerte Virtuosität: Sonate in D-Dur KV 576

Die frühere Instrumentalgestik und dialogisierende Vielgestaltigkeit scheint zu Beginn der letzten Sonate – entstanden im Juli 1789, wiederum erst 1805 veröffentlicht – auf den ersten Blick nochmals zurückzukehren: Die aufsteigende Akkordbrechung in den ersten zwei Takten des Sonatenhauptsatzes wird durch zwei eintaktige Kurzgesten in gewohnter, direkt-theaterhafter Manier beantwortet. Der Kopf des Hauptthemas mit seiner im Oktavrahmen aufschießenden Dreiklangsbrechung (T. 1–2) gab dem Werk den Beinamen «Jagdsonate»; die aufwärts pendelnde, fanfarenartige Intervallabfolge Quart-große Terz (= Sext)-kleine Terz (= Oktav) entspricht einem häufigen Motivtypus des klassischen Stils, den auf das charakteristische Jagdinstrument bezogenen «Hornquinten». Zudem verstärken die schein-imitatorischen, kanonartigen Verschränkungen (T. 9 und T. 13), die sich unmittelbar an die anfängliche Korrespondenzmelodik von 2+2 Takten, die wiederholt einen regelmäßigen Achttakter ergibt (T. 1–8), anschließen, die generelle Präsenz dieses Motivs enorm; es wird darüber hinaus auch verarbeitungstechnisch auf dieselbe Weise in der Durchführung ab T. 63 aufgegriffen.

Generell durchdringt den gesamten Satzverlauf eine kontrapunktisch durchzogene Polyphonie mit diversen Fugati und Imitationen, die bereits ab T. 9 in der Exposition bzw. parallel dazu ab T. 107 in der Reprise auftritt; Flucht- («fuga») und Jagdcharakter verwirklichen sich in einer gemeinsamen, satztechnisch äquivalenten Umsetzung. Gleichzeitig wird so der Anspruch auf strukturell-konstruktives Tonsatzgeschehen bestimmend und gerät mit der direkt gesetzten, gestischen Theatralität in ein konstruktives Spannungsverhältnis. Ein weiteres distanzierendes Gestaltungsmoment gegenüber dieser Signalgestik formulieren überdies die auffällig häufigen, immer wieder episodenhaft eingestreuten Klangflächenbildungen, die schon das Ende der Exposition und den Beginn der Durchführung ankündigten (T. 57–62). Auch hierfür bildet die Gestik des Hauptthemenkopfes die Basis, jetzt allerdings gleichsam domestiziert und in eine abstrahierte, harmonisch gebundene Klanglichkeit verwandelt. In dieser Erscheinungsform wirkt das Motiv wie ein formteilübergreifendes Scharnier, das dann auch den Überleitungsprozess zur Reprise ab T. 81 mit erweiterten Klangflächen in polyphon geführten Melodiezügen mit dichter Chromatik vollzieht (T. 81–96).

Dem gesamten, hochvirtuosen Satz ist ein Spiel zwischen direkter Theatralität und reflektierenden Distanzierungsmomenten eingeschrieben, das dem Verlauf über die annähernde Erfüllung der Formprinzipien des Sonatenhauptsatzes hinaus ein eigenes, zweites Zeitgefüge beigibt: der Wechsel zwischen unmittelbar gesetzter theatraler Gestik und figurativ-flächigen Setzungen, der bereits nach dem ersten Themenblock im Verhältnis zur nachfolgenden Überleitung spürbar wird (T. 15–16). Das raffiniert ausgeklügelte Changieren erhält jedoch andererseits eine gewisse innere Kontinuität, da die intervallspezifische Grundlage der sogenannten Hornquinten erhalten bleibt. Verstärkt wird dies dadurch, dass ein ausgeprägtes zweites Thema auf der Dominante eigentlich nicht existiert – nur ein rudimentär entwickeltes, spät einsetzendes Themengebilde ab T. 42 könnte ansatzweise als lyrisches Gegengewicht gedeutet werden. Somit nimmt der gesamte Satzverlauf eine latent monothematische Struktur an. Aus demselben Intervall-Material gewonnen entstehen unterschiedliche Charaktere – spontaneistisch-gestisch wie zurückgenommen-flächig –, die mit gelegentlichen lyrischen Einsprengseln versehen den Gesamtverlauf bestimmen.

Die spürbare semantische Konnotation durch den Themenkopf in Hornquinten rückt den tänzerisch-motorischen Ablauf in Gigue-artigem Sechsachteltakt in die Nähe eines Charakterstücks, das sich eben im Modus einer Sonatenhauptsatzform entfaltet. Der Umgang mit kompositorisch gestalteter Zeit wird darüber hinaus in einer strukturellen Allgemeinheit reflektiert, die konkrete Differenzierungen zwischen gestischer Direktheit und flächiger Zuständlichkeit freisetzt und in architektonisch weiträumige Blockbildungen einbindet. Dass wir bei den letzten Sonaten kaum etwas über Anlass und Umstände der Entstehung wissen, könnte diese irritierend polyvalenten Tendenzen äußerlich mitbegründen: Funktionsgebundenheit an Interessen oder Vorlieben von Schülern oder Gönnern existiert nicht mehr, somit können auch keine entsprechenden konventionellen oder individuellen Ansprüche von außen mehr gestellt werden – der Autor kann sich ganz seinen autonomen Interessen und Schaffensimpulsen widmen.

Eine breite architektonische Gesamtanlage mit melodisch-figurativ verzierten Klangfeldern begründet auch die detaillierte Expressivität des langsamen Satzes: Entsprechend dem ersten Satz erhält die kurzmotivisch entwickelte Struktur des wiederholten Hauptthemas gleich zu Beginn (T. 1–8) dadurch ein Gegengewicht. So entsteht erneut eine konstruktive Spannung zwischen figurationsbezogener, direkt ansprechender Gestik einerseits und nachfolgender Klangflächigkeit andererseits, die eine entspannte Reflexionsebene nachliefert (ab T. 9). Innerhalb der erneut tendenziell zwischen sonatenhauptsatzorientiertem und rondoartigem Verlauf changierenden Satzentwicklung fallen vor allem die plötzlich dominierenden, koloraturartigen Skalenzüge auf, die wiederum aus einem Konzertsatz stammen könnten; sie sind entweder rudimentär begleitet (T. 24–25 bzw. 39–40) oder gar in offener, improvisiert wirkender Einstimmigkeit (T. 26 ff. bzw. T. 41 ff.) gehalten. Hier brechen ornamentale Schichten ein, die über das konstruktive Satzgeschehen hinausweisen und kurzzeitig eine gleichsam extraterritoriale Zone offener Figurationsentfaltung einbringen – mit einem entsprechenden utopisch-grenzüberschreitenden Laufwerk endet der Satz schließlich auch (ab T. 65).

Wie sehr immer wieder strukturelle Vermittlungen zwischen den motivisch-figurativen Details gesucht werden, zeigt beispielhaft der Zusammenhang zwischen der zentralen Geste des zweiten Themenblocks (ab T. 17) mit der antwortenden Umspielung auf den zweitaktigen Beginn innerhalb des ersten Themas (ab T. 3): Die auftaktige, durch Überbindung (T. 3) oder Pause (T. 17) abgesetzte Sechzehntelfiguration führt, mit chromatischen Wechselnoten durchsetzt, zielstrebig zu einem harmonischen Zielpunkt (T. 4 bzw. T. 17) – wie eine natürliche, der Gravitation entsprechende Fallgeste zu einem Punkt der Entspannung. Ob in diesem Fall eine bewusst durchgeführte figurativ-motivische Arbeit vorliegt – wie das wohl bei Beethoven der Fall wäre – oder ein assoziatives Erinnerungsvermögen derart sinnfällige Verknüpfungen über größere Abstände erzeugt, kann und soll wohl auch nicht trennscharf entschieden werden. Dass in diesem Kontext ein zusammenhängender Verlauf, der im Sinne eines übergeordneten Prozesses die formalen Dispositionen überwölbt, intendiert ist, zeigt jedoch unmissverständlich die Fortsetzung ab T. 24 an: Der Übergang in die bereits beschriebenen figurativen Durchbruchszonen erfolgt innerhalb der weitergetriebenen ornamentalen Diminution in Zweiunddreißigsteln grundsätzlich nach demselben figurativen Umspielungsmuster wie in T. 3 und T. 7, jetzt nur, der gesteigerten Verzierungsdichte angemessen, mit weiter aufspannenden

Skalenbewegungen durchsetzt (v. a. ab T. 26). Wie bedeutsam dieser allmählich entwickelte, letztlich vom Beginn an angekündigte Auflösungs- und Dissoziationsprozess als eine Art Gegengewicht zur Stabilität der motivisch-thematischen Setzungen gedacht ist, bezeugt nicht zuletzt dessen unmittelbar folgende, leicht gekürzte und variierte Wiederholung im Zentrum des Satzes: T. 17–31 entspricht T. 32–43. Insgesamt ergibt sich so folgendes ungewöhnliche grobformale Grundgerüst, das sich letztlich jeder konventionellen Klassifizierung entzieht: A (T. 1–16)/B (T. 17–31)/B' (T. 32–43) – A' (T. 44–58)/B" (T. 59–67 als Coda).

Das vor allem durch seine konzertanten Sechzehnteltriolen-Züge technisch virtuose Finale – wieder von einem scheinbar harmlosen Allegretto-Thema ausgehend – wird erneut an vielen Stellen von linearer Mehrstimmigkeit oder scheinpolyphonen Konstellationen durchzogen, letztere werden nicht selten durch in einer Stimme liegenbleibende Töne generiert (z. B. T. 46 ff.). Zugleich ist der gesamte Satzverlauf über die virtuosen Figurationszüge hinaus wiederum durch die ambivalenten Tendenzen zu rondoartigen Wiederholungstexturen, die sicherlich dominieren, aber auch durchführungsartige Sonatenhauptsatzprinzipien charakterisiert.

Dazwischen betonen immer wieder eingestreute, episodenhafte Dialogstrukturen zwischen den Stimmen (erstmals T. 26 ff.) zusätzlich eine theatrale Dimension innerhalb des Satzverlaufs, die nahe am rhetorischen Verhältnis von Anrede und reagierendem Einspruch steht. Diese Gesprächs-Topoi tauchen erstmals ab T. 26 auf und kehren mehrfach wieder. An dieser ersten Stelle vollzieht sich der Dialog vom Hauptthema selbst ausgehend, zunächst in der linken Hand. Die Reaktion in der rechten Hand kehrt dann den Gestus insofern um, als auf die deutliche Abtaktigkeit der intervallisch engmaschigen Chromatik in Aufwärtsbewegung jetzt eine weiträumige Auftaktigkeit in fallenden Sexten mit ebenfalls fallendem Sekundvorhalt folgt. Unter Beibehaltung der konträren Bewegungsrichtung wird sodann nach einer kurzen Überleitung in traditionellem Melodie-Begleitsatz (T. 30–33) die Auseinandersetzung auf rein thematischer Ebene fortgeführt: Die imitatorische Gegenführung der Stimmen, deren Gespräch sich danach erneut in die generell dominierende konzertante Triolenfiguration in gebrochenen Dreiklangsintervallen auflöst (ab T. 40), wird allerdings klanglich dadurch fixiert, dass sie ein Liegeton E im Bass festhält und damit gleichzeitig zum nachfolgenden harmonischen Feld auf der Dominante A (ab T. 44) durch die Setzung einer Wechseldominantfunktion überleitet. Auf kunstvolle Weise formuliert so die technisch anspruchsvollste Klaviersonate Mozarts einen ebenso würdigen wie wirkungsvollen Abschluss des gesamten Œuvres zwischen konzertanter Virtuosität, strengen Satzprinzipien, formalästhetischem Spiel und theatralen Ansprüchen.

Zur Ausführung

Instrumentengebrauch

Für die Aufführungspraxis vor 1770 waren mit wenigen Ausnahmen Cembalo oder Clavichord vorgesehen, zwischen etwa 1770 und 1780 begann sich dagegen ein alternativer Instrumentengebrauch zu etablieren, der das Hammerklavier mit einbezog, das dann zwischen 1780 und 1795 zur Regel wurde und spätestens nach 1795 das Cembalo größtenteils verdrängt hatte. Das Clavichord konnte sich als einfaches und handliches Übe-, Haus- und Komponierinstrument mit relativ geringem Klangvolumen zwar nur bedingt dem Wettbewerb als Konzertinstrument stellen, überdauerte allerdings in seinem speziellen Anwendungsbereich sogar die Jahrhundertschwelle; noch Joseph Haydn komponierte nachweislich seine «Schöpfung» (1796–1798) am Clavichord. Da jedoch die Titelgebung der Werke durch die Verlage durchaus kommerziell orientiert war, kann das vorgesehene Instrument auf Grundlage der Editionen nur selten eindeutig bestimmt werden. Der Abnehmerkreis sollte möglichst breit gehalten werden, so dass selbst Ludwig van Beethovens Sonaten op. 27 (1800/1801) im Druck noch die Bezeichnung «Cembalo (o pianoforte)» erhielten, obwohl hier keine Zweifel mehr am Pianoforte als Aufführungsinstrument bestehen können. So verbieten sich generelle Zuweisungen, und nur die Prüfung von Fall zu Fall vermag sinnvolle Ergebnisse zu liefern.

Johann Christian Bachs Sonatensammlung op. 5 beispielsweise, ein früher Beleg für die Möglichkeit alternativen Instrumentengebrauchs (1766 mit dem ausdrücklichen Hinweis «pour le clavecin ou le pianoforte» publiziert), lässt nicht nur von Sonate zu Sonate, sondern auch im Inneren der Werke verschiedene Tendenzen zu cembalo- bzw. hammerklavierspezifischer Praxis erkennen. So findet man etwa im zweiten Satz der ersten Sonate einerseits ein modernes Crescendo (T. 39–42), das andererseits von Figurationen umgeben ist, die eindeutig auf das Cembalo als zentrales Barockinstrument verweisen. Obwohl Bach selbst, der seit 1762 in London lebte und wirkte, im Jahr 1768 aus diesem Zyklus bei einem der ersten öffentlichen Konzerte mit Hammerklavier spielte – zuvor lässt sich 1763 ein entsprechender Vortrag von Johann Baptist Schmid im Wiener Burgtheater nachweisen –, wäre es unsinnig, davon die kategorische Notwendigkeit einer Aufführung auf dem Pianoforte abzuleiten. Allerdings ist die Causa Bach deshalb von besonderem Interesse, da bekanntlich zu dieser Zeit in London eine intensivere Begegnung mit der Familie Mozart stattgefunden hat. Zumindest zeigt dieser Fall auch, dass sich die Grenzen früh verwischen und eine klare Tendenz festzustellen ist: So erscheint bereits 1732 in Italien, dem Heimatland des Hammerklaviers (kurz vor 1700 von Bartolomeo Cristofori konzipiert und gebaut), eine Sammlung von zwölf Sonaten Lodovico Giustinis «da cimbalo di piano, e forte detto volgarmente di martelletti» (Florenz) – der früheste nachweisbare Beleg für eine Hammerklavierpraxis; aber auch Johann Gottfried Müthel legte 1756 eine Sonatensammlung vor, die zwar mit «pour le clavessin» betitelt, jedoch mit Dynamisierungen von pianissimo bis fortissimo versehen ist und stellenweise die Realisierungsmöglichkeiten eines Cembalos oder Clavichords deutlich überschreitende Passagen aufweist. Johann Gottfried Eckhard trägt diesem Sachverhalt in seinen «Sonate pour clavecin» op. 1 (1763) bereits Rechnung, wenn er im Vorwort darauf hinweist, dass eine Aufführung auf dem Clavichord oder Hammerflügel eigentlich vorzuziehen sei, vor allem um die vielfältigen dynamischen Differenzierungen realisieren zu können – seine Sammlung op. 2 (1764) bietet dann im Titel schon wahlweise «pour le clavecin ou le pianoforte» an.

So bleibt die Notwendigkeit einer jeweils neu zu treffenden Entscheidung, die nicht dogmatisch allein vom Zeitpunkt der Entstehung, sondern von der Machart des Werkes abhängig gemacht werden sollte. Überdies ist die Musik des 18. Jahrhunderts generell und hier der kammermusikalische Bereich im Besonderen von einer offenen Einstellung zur Frage instrumentaler Besetzung gekennzeichnet. Als grundsätzliche ästhetische Position erscheint daher eine vorsichtige, von stilistischen Reflexionen begleitete Aufführung auf modernen Instrumenten ebenfalls als zulässig. Die Lebendigkeit alternativer und gleichwohl historisch verantwortungsvoller Klangumsetzung entspricht durchaus der aufführungspraktischen Beweglichkeit der damaligen Zeit.

Im Falle Mozarts spiegeln zumindest die fünf 1774 in München entstandenen, ersten Solo-Klaviersonaten (KV 279–283) in manchen Details eine deutliche Cembalopraxis wider – die zuvor komponierten Klaviersonaten mit Begleitung der Violine (z. B. KV 6–10), eine damals zeitgemäße Modeerscheinung, waren sicherlich für das Cembalo gedacht. Es scheint, als hätte Mozart noch in den 70er Jahren in Salzburg kein Fortepiano zur Verfügung gestanden, wie folgende Briefstelle der Mutter an Vater Leopold vom 28. Dezember 1777 nahe legt: «er spillet aber vill anderst als zu Salzburg dan hier [in Mannheim] sind überall piano forte, und dise kan er so unvergleichlich tractieren, das man es noch niemals so gehört hat.» In Familienbesitz befanden sich sicher ein Clavichord und ein zweimanualiges Cembalo, möglicherweise auch ein Spinett; allerdings war bereits vor Mozarts Geburt ein Stein'scher Hammerflügel im Besitz des Erzbischofs. Sicherlich hatte Mozart relativ früh Hammerflügel des Regensburger Klavierbauers Franz Jacob Spaeth kennengelernt, die er in einem wichtigen Brief vom 17. Oktober 1777 an den Vater im Zusammenhang mit seiner Einstellung gegenüber diesen Instrumenten erwähnt: «Nun muß ich gleich bey die steinischen Piano forte anfangen. Ehe ich noch vom stein seiner arbeit etwas gesehen habe, waren mir die spättischen Clavier die liebsten; Nun muß ich aber den steinischen den vorzug lassen; denn sie dämpfen noch viell besser als die Regensburger. Wenn ich starck anschlage, ich mag den finger liegenlassen, oder aufheben, so ist halt der ton in dem augenblick vorbey, da ich ihn hören ließ. ich mag an die Claves kommen wie ich will, so wird der ton immer gleich seyn. Er wird nicht schebern, er wird nicht stärcker, nicht schwächer gehen, oder gar ausbleiben; mit einem wort, es ist alles gleich. [...] seine instrumente haben besonders das vor andern eigen, daß sie mit auslösung gemacht sind. da giebt sich der hundertste nicht damit ab. aber ohne auslösung ist es halt nicht möglich daß ein Piano forte nicht schebere oder nachklinge; seyne hämmerl, wenn man die Claves anspielt, fallen, in den augenblick da sie an die saiten hinauf springen, wieder herab, man mag den Claves liegen lassen oder auslassen. [...] ich habe hier und in München schon alle Meine 6 Sonaten recht oft auswendig gespiellt. [...] die lezte ex D kommt auf die Pianoforte vom stein unvergleichlich heraus.»

Mozarts Hervorhebung der Präzision und Klarheit in der Ton- und Klanggebung verdeutlicht auffällig seine grundsätzlichen interpretatorischen Intentionen. Der gesonderte Hinweis auf die sechste Münchner Sonate in D-Dur KV 284 legt nahe, dass Mozart hier bereits deutlicher das Hammerklavier im Auge hatte als bei den fünf vorangegangenen Werken. Schon die entschieden differenzierteren und dichteren Dynamikvorschriften, aber auch der vielfältig charakterisierende Klaviersatz, vor allem im weiträumig disponierten Variationssatz des Finales, scheinen dies auch kompositionstechnisch zu bestätigen. Das Werk ist dem Freiherrn von Dürnitz gewidmet, der als kundiger Pianist galt und von Mozart durchaus respektiert wurde. Der überlieferte Hinweis Mozarts «dem Dürnitz in München gemacht» und ihr tatsächlich entschieden höherer kompositorischer und spieltechnischer Anspruch führten in früherer Zeit zur Fehleinschätzung, dass nur dieses Werk in München, die vorangegangenen mit ihrer mutmaßlichen Cembaloorientierung aber bereits in Salzburg entstanden seien.

Tatsächlich spielte Mozart nachweislich erstmals auf derselben Reise in München im Hause eines Herrn Albert dessen «hervorragendes Fortepiano». Demnach waren es zunächst die Instrumente des Augsburger Klavierbauers Johann Andreas Stein, die er bevorzugte. Zwar benutzte Mozart nach Konstanzes Bericht auch in Wien weiterhin das Clavichord, vor allem beim Komponieren, das favorisierte Instrument war jedoch eindeutig der Hammerflügel. Zwischen Jahresbeginn 1782 und spätestens 1785 erwarb er nachweislich ein entsprechendes Instrument Anton Walters, das er, wie Vater Leopold berichtet, durch eine Pedalklaviatur ergänzte. Die Begeisterung für den hellen, silbrigen Klang der Stein'schen Instrumente wich damit einer Orientierung an größerer Klangfülle, die die Wiener Instrumente garantierten.

War somit zweifellos für alle Werke vor 1772 das Cembalo das selbstverständlich praktizierte und kompositorisch anvisierte Instrument, so kann eine entsprechend eindeutige Entscheidung für die Werke zwischen 1773 und 1777 nicht getroffen werden. Auch die Gebrauchsterminologie hilft wenig weiter. Innerhalb der Familienkorrespondenz ist fast immer allgemein von «Clavier», wohl im Sinne eines Sammelbegriffs, die Rede. Wolfgang verwendet im selbst angelegten thematischen Katalog ab 1784 nur «Klavier», während die Autographen und Drucke das Cembalo nahe legen – selbst im letzten Lebensjahrzehnt benutzt er weiterhin fallweise den Begriff des Cembalos, auch wenn völlig unmissverständlich das Hammerklavier gemeint war. Vor allem für die Sonatensammlung KV 279–284 ist es schwierig, eine eindeutige Entscheidung zu fällen: Neben cembalospezifischer Figuration und Verzierungstechnik zeigt die Sammlung zugleich eine erstaunliche Dichte an Vortragsbezeichnungen einschließlich Übergangsdynamik, die zugleich auf das Hammerklavier verweist. Mit größter Wahrscheinlichkeit waren jedoch die Klavierwerke ab 1777 (Mannheimer Sonaten KV 309 und 310), mit völliger Sicherheit diejenigen ab der Wiener Zeit ausschließlich für das Hammerklavier gedacht.

Interpretation

Die klangliche Darstellung der Mozart'schen Musik hat sich wie kaum eine andere im Verlauf der letzten Jahrzehnte enorm verändert. Wichtigsten Anstoß dazu gaben zunächst Erkenntnisse der historischen Aufführungspraxis, die den Umgang mit Gruppierung, Phrasierung, Artikulation und Verzierung in ein neues Licht rückten. Hinzu kamen die klangästhetischen Erfahrungen mit Originalinstrumenten bzw. entsprechenden Nachbauten, die vor allem der Auseinandersetzung mit Harmonik, Klangfarbe und Pedalgebrauch neue Impulse gaben. Das «égalité»-Spiel mit seiner Tendez zur Gleichschaltung aller Tonabläufe in einem einförmigen Legatoverlauf, das der Klavierästhetik des 19. Jahrhunderts entsprang und weit in das 20. hineinreichte, wurde zunehmend in Frage gestellt, da dadurch der spezifische Sprach-Charakter Mozart'scher Musik verfehlt zu werden schien.

Prinzipiell neu gewonnene Erkenntnisse betreffen Grundlagen der Linien- und Melodieführung, so vor allem die generelle leichte Absetzung aneinandergereihter Töne, sofern keine Phrasierungsangaben etwas anderes vorschreiben. So vermerkt Daniel Gottlob Türk in seiner Klavierschule aus dem Jahr 1789, die eine Art kompilierende Zusammenfassung der wichtigsten Lehrwerke der Zeit darstellt: «Bey den Tönen, welche auf die gewöhnliche Art, d.h. weder gestoßen noch geschleift, vorgetragen werden sollen, hebt man den Finger ein wenig früher, als es die Dauer der Note erfordert, von den Tasten.» (In: D. G. Türk, *Klavierschule, oder Anweisung zum Klavierspielen für Lehrer und Lernende*, Leipzig und Halle 1789. Faksimile Kassel 1962, S. 356.) Dass zwischen den Tönen im Normalfall immer etwas Luft zu lassen ist, somit eine Art unaufdringliches Portatospiel die Basis linearer Verläufe bildet, verändert das Klangideal grundsätzlich gegenüber einem im Kontext der Ideale des 19. Jahrhunderts zumeist durchgehenden Fingerlegato. Diese spieltechnische Klangrevolution, deren Merkmale sich auf historischen Instrumenten durch das schnellere Verklingen der einzelnen Töne nahezu selbstverständlich ergeben und auf das moderne Instrumentarium zu übertragen sind, betrifft sowohl Phänomene der Melodiebildung als auch der Begleitfigurationen, beispielsweise die nicht selten anzutreffenden «Albertibässe» und ähnliche harmonisch-rhythmische Klangstützen. Die so entstehende Durchsichtigkeit im Tonsatzgefüge zieht nicht zuletzt eine schwebendere Leichtigkeit im Pianobereich sowie eine dramatischere Gestik in den Fortezonen nach sich. So werden der sentimental-romantisierende Grundzug und dessen verharmlosende Klangatmosphärik des älteren Mozartspiels, aber auch der verniedlichende Duktus einer allzu dekorativen Rokoko-Verspieltheit vermieden, um damit einem beweglichen Sprach-Charakter der Musik im Geist des 18. Jahrhunderts die Türe zu öffnen. Ein reduzierter Pedalgebrauch, der Erfahrungen mit historischen Instrumenten geschuldet ist, verstärkt diese Tendenz zusätzlich.

Wie zeitgenössische Vortragslehren immer wieder belegen, sind Periodisierungen durch Gruppierung der melodischen Verläufe grundsätzlich an sprachanalogen Prinzipien orientiert – zur interpretatorischen Verdeutlichung wurden sogar gelegentlich Gliederungszeichen der Umgangssprache wie Punkt, Komma, Frage- und Ausrufungszeichen über den Notentext gesetzt, um eine entsprechende Diktion anzuzeigen. Im Zentrum steht nach Türk die Technik «der richtigen Verbindung und Absonderung musikalischer Perioden», damit «ein ganzes Tonstück füglich mit einer Rede verglichen werden könne». Folgende direkte Analogien werden in diesem Zusammenhang zwischen sprachlicher und musikalischer Gliederung hergestellt: «Ein ganzer Theil (Hauptabschnitt) eines größeren Tonstückes ist ungefähr das, was man in der Rede unter einem ganzen Theile versteht. Eine musikalische Periode (ein Abschnitt) deren ein Theil mehrere haben kann, würde das seyn, was man in der Rede eine Periode nennt, und durch einen Punkt (.) von dem folgenden absondert. Ein musikalischer Rhythmus kann mit den kleinen Redetheilen, die man durch ein Kolon (:) oder Semikolon (;) bezeichnet, verglichen werden. Der Einschnitt, als das kleinste Glied, wäre das, was in der Rede nur durch ein Komma (,) abgesondert wird. Wollte man hierzu die Zäsur noch besonders rechnen, so müsste man sie etwa mit der Zäsur eines Verses vergleichen» (ebenda S. 343). Türk geht sogar so weit, den Komponisten generell zu empfehlen, durch ein eigenes Zeichensystem periodische Zusammenhänge in eben skizzierter Weise zu notieren. Die Umsetzung dieses «redenden» Prinzips orientiert sich prinzipiell am Ideal des Singens; hierin gelten allen Lehrwerken die erstmals bei Carl Philipp Emanuel Bach formulierten Empfehlungen als vorbildlich: «Einen großen Nutzen und Erleichterung in die ganze Spiel-Art wird derjenige spüren, welcher zur gleichen Zeit Gelegenheit hat, die Singe-Kunst zu lernen und gute Sänger fleißig zu hören.» (Versuch über die wahre Art das Clavier zu spielen, Berlin 1753 und 1762. Faksimile Leipzig 1981, S. 13) «Man lerne dadurch singend dencken, und wird man wohlthun, dass man sich hernach selbst einen Gedanken vorsinget, um den rechten Vortrag desselben zu treffen.» (Ebenda, S. 122) Oftmals sind diese Gruppierungsphänomene dem Mozart'schen Tonsatz deutlich zu entnehmen – vor allem harmonische Fortschreitungen wie oft mit Vorhaltbildungen versehene Abkadenzierungen zeichnen dafür verantwortlich; falls das nicht der Fall ist, so ergeben sich die entsprechenden, zumeist natürlich ableitbaren Zusammenhänge aus dem Verlaufskontext. Insbesondere der Atmungsvorgang, der Sprechen und Singen gleichermaßen proportioniert, muss in der instrumentalen Linienführung berücksichtigt werden und die Grundlage der verschiedenen Gruppierungseinheiten bilden.

Die Perioden, die dem Satzbau der Sprache analog erscheinen, enthalten im Inneren Phrasierungen, die letztlich die musikalisch-syntaktischen Prozesse im Detail differenzieren. Diese sind oft, über den Standardfall der abgesetzten Tonfolgen hinaus, durch Zeichen wie Bogensetzungen vorgegeben, die allerdings nicht nur Legatozusammenhänge, sondern alle denkbaren Phrasierungs- und Artikulationseinheiten andeuten können. Allerdings gilt auch hier, dass von Mozart selbst entsprechende Angaben nicht immer vorliegen, die konkrete Umsetzung aus Erfahrung und Umgang mit der Stilistik, die damals selbstverständlich waren, jedoch zu weitgehend eindeutigen Lösungen führen kann. So ergibt sich innerhalb der grundsätzlich erkennbaren Korrespondenzmelodik, die zumeist nach dem Prinzip einer parataktischen Reihung von Zwei-, Vier und Achttakteinheiten angeordnet ist, nicht selten ein Strukturverlauf von melodischen Floskeln und Gesten, der durchaus ein irreguläres Binnenverhältnis zum prinzipiell gleichmäßigen Periodenbau aufweisen kann. Gerade bei Mozart hat das nicht selten zur Folge, dass die internen Gliederungseinheiten den konventionellen Bau überwuchern und zu unregelmäßigen Taktgruppierungen führen, die allerdings jederzeit als gezielte Abweichung von grundsätzlich gültigen Normen erscheinen. Das «Lebensvolle» seiner Musik, das schon sein erster Biograph Otto Jahn – von Beruf eigentlich klassischer Archäologe – hervorhebt, gründet nicht zuletzt auch in diesem permanenten Spiel zwischen akzeptierter Korrespondenzgruppierung und fortlaufenden, darauf bezogenen Irritationen. Diesen binnenformalen Spannungen nachzuspüren, muss eine vornehmliche Aufgabe gelingender Mozart-Interpretation sein. Eine derartige Sichtweise deckt sich zudem mit manchem Blick zeitgenössischer Komponisten auf Mozarts Musik.

Im Kontext der Neuen Musik wurde immer wieder das Faszinosum eines ständig neu formulierten Verhältnisses zwischen konventionellem Periodenbau und asymmetrischen Gruppenbildungen hervorgehoben. Deren wechselseitige Brechungen bilden eine entscheidende Grundlage für die spontan wirkende Lebendigkeit des musikalischen Sprachflusses und unterstreichen zudem ihre lebenswirkliche Theatralität. Schon Arnold Schönberg hat in seinem rückblickenden Aufsatz «Nationale Musik» unter dem Motto «Von Mozart habe ich gelernt» unter anderem akzentuiert: «1) Die Ungleichheit der Phrasenlänge, 2) Die Zusammenfassung heterogener Charaktere in eine thematische Einheit, 3) Die Abweichung von der Geradtaktigkeit im Thema und in seinen Bestandteilen.» (In: *Gesammelte Schriften* I, S. 253, Frankfurt 1976.) Und noch Wolfgang Rihm betont in einer Umfrage der «Welt» (16. 1. 1991) aus Anlass des Mozart-Jubiläums mit Bezug auf die bereits 1826 von Georg Nägeli verfasste Kritik an Mozart, die den allzu schnellen Wechsel musikalischer Charaktere sowie «das innige Contrastieren als Hauptwirkungsmittel» rügt («Vorlesungen über Musik mit Berücksichtigung der Dilettanten»), dass gerade unter diesen Aspekten die Einzigartigkeit und Unverwechselbarkeit der Mozart'schen Musik im Kontext der Wiener Klassik zu finden sei: «Mozart ist für mich ein schöpferischer Typus, der alles in sich einlässt und in vielfältiger Brechung wieder von sich gibt. Regellos, als natürliche Wuchsform nur sich selbst verantwortlich [...]. Wenn man genau hinschaut, ‹stimmt› in seiner Musik keine formale Entwicklung, nichts ist ‹richtig›, alles ist irgendwie schief. Deshalb lebt diese Musik ...»

Begreift man Gruppierungen als grundsätzliche Formbildung innerhalb der satztypischen Grobgliederung, die Sonatenhauptsatz, dreiteilige Liedform, Variationssatz oder Rondo vorgeben, und Phrasierungseinheiten als deren musiksprachliche Konkretisierungen im Detail, so muss die ihnen innewohnende Artikulation als direkter Akt musikalischen Aussprechens verstanden werden. Schon früh wurden gerade mit Bezug auf Mozarts Musik Diskussionen über die artikulatorische Zeichensetzung geführt, da letztlich nicht endgültig festzustellen ist, wie sich beispielsweise über die Notenköpfe gesetzte Punkte von Strichen oder Keilen zu unterscheiden haben – bereits 1957 wurde zu diesem Problem sogar eine letztlich ergebnislos verlaufene Preisfrage von der Gesellschaft für Musikforschung ausgegeben, deren fünf akzeptierte Lösungen alles andere als widerspruchsfrei ausfielen (*Die Bedeutung der Zeichen Keil, Strich und Punkt bei Mozart*, Kassel 1957). Unzweifelhaft steht jedoch fest, dass Artikulationsdifferenzen eine entscheidende Rolle spielen, gründet in ihnen doch die Detailflexibilität des Mozart'schen Sprachcharakters. Von legatissimo-Partien über Legatozüge reicht die vorgeschriebene Palette bis zu Portato – durch Kombination von Bogen- und Punktsetzung angezeigt – und verschiedensten Formen der Staccatosetzung. Dadurch wird vor allem die gestische Dimension innerhalb von Gruppierungs- und Phrasierungseinheiten «artikuliert»; daneben erzeugen die Direktheit und Spontaneität der Figurationsumsetzung eine nahezu theatrale Dimension.

Damit ist ein wichtiger Zusammenhang angesprochen, der eine unverzichtbare Grundlage angemessener Mozartinterpretation bildet: Durch die detaillierte Differenzierung der Dimensionen von Gruppierung, Phrasierung und Artikulation entsteht nicht nur ein prinzipiell kommunizierender Sprachcharakter in Mozarts Musik, sondern darüber hinaus ein instrumental realisierter Theatercharakter. Der Komponist Hans Werner Henze (1926–2012), der lebenslang ein glühender Mozartverehrer war, hat für etliche seiner eigenen Werke den Begriff des «instrumentalen Theaters» geprägt, der letztlich idealtypisch auch auf Mozarts Instrumentalmusik, in besonderer Weise auf dessen Klaviermusik, anwendbar ist. Die spieltechnisch entsprechend durchformten Gesten scheinen lebendigen Figuren anzugehören, die innerhalb des «Bühnenbilds» der traditionellen Instrumentalformen wie Charaktere auftreten und miteinander kommunizieren. Nicht selten lassen sich zumindest latent handelnde Darsteller assoziieren, die in verschiedene Konstellationen miteinander verwoben sind – von inniger Intimität bis zu dramatischer Entzweiung. Dem genuinen Opernkomponisten Mozart ist es gelungen, durch Theatralität eine unerhörte Lebendigkeit der reinen Instrumentalmusik zu erreichen, die so richtig erst durch die Errungenschaften der historischen Aufführungspraxis offengelegt werden konnte und zudem innerhalb der Rezeption durch Komponisten des 20. Jahrhunderts bestätigt wird.

Die spontane Vergegenwärtigungskunst in Mozarts instrumentalem Theater wird zusätzlich durch die Anwendung von improvisierten Verzierungen, deren Einsatz ebenfalls in allen historischen Lehrwerken meist unter dem Stichwort «Manieren» zu finden ist, unterstützt. Betrafen sie auf dem Feld der Klavierkonzerte vor allem Positionen formaler Einschnitte, die mit sogenannten «Eingängen» oder kurz vor den Satzenden mit Kadenzen improvisatorisch weiträumig ausgestaltet wurden, so werden sie in der Sonatenkomposition vor allem bei Wiederholungen, zumal in langsamen Sätzen, eingesetzt. Dass dies mit Bedacht und Geschmack zu vollziehen sei, finden wir in den entsprechenden Schriften einerseits als generelle Warnung, andererseits in bestimmten Zusammenhängen als unabdingbar notwendiges Erfordernis. Zudem haben wir nicht nur im Fall von Kadenzen und Eingängen im Konzertbereich, sondern auch im Sonatenwerk überlieferte Beispiele der Mozart'schen Verzierungskunst – offengelegt wird diese zumeist durch Abweichungen zwischen Autograph und korrigiertem Erstdruck, wie schon in der frühen Sonate in D-Dur KV 284 innerhalb des Variationssatzes (Var. XI) oder im Adagio der Sonate in F-Dur KV 332. Systematisch sind die Möglichkeiten für Verzierungen beispielhaft in Marpurgs «Anleitung zum Clavierspielen der schönen Ausübung der heutigen Zeit gemäss» aus dem Jahre 1755 beschrieben und zusammengefasst, so dass dem Interpreten ausreichend Material für eine grundsätzliche Orientierung vorliegt. Er behandelt dort ausführlich die improvisatorisch eingefügten «Setzmanieren» – im Unterschied zu den notierten «Spielmanieren» wie Triller, Vorschläge u. ä. – und teilt sie in fünf «Classen» ein. Da es sich prinzipiell um Diminutionsformen handelt, d. h. die figurative Auflösung längerer Notenwerte, leuchtet es ein, dass die spontan gesetzten Manieren vor allem im langsamen Zeitmaß zur Anwendung kommen: «Eine Setzmanier aber ist [...] nichts anderes als eine Verbindung einer oder mehrerer Nebennoten mit der Hauptnote aus der Melodie, es mag solche aus dem Basse, Diskant oder aus einer Mittelstimme sein.» Dabei gilt es prinzipiell zwischen «harmonischen Nebennoten» (d. h. «in der Harmonie enthalten»), «Wechselnoten» (d. h. nicht in der Harmonie enthalten, «statt der Hauptnote auf den Anschlag fallend») und «durchgehenden» Noten (d. h. nicht in der Harmonie enthalten, «in den Nachschlag fallend») zu unterscheiden (Marpurg, Anleitung S. 37 ff.). Da die Auflistung von Marpurg tatsächlich ein grundsätzliches Kompendium zeitgenössischer Verzierungsmöglichkeiten bietet und somit auch eine verlässliche Grundlage für die Anwendung von Manieren in Mozarts Musik, sei sie im Folgenden auszugsweise wiedergegeben.

«I. Classe der Setzmanieren.
Wenn eine Hauptnote in eben demjenigen Tacttheile durch sich selbst, vermittelst der Verkleinerung verändert wird: so entstehet daraus eine Manier, die man einen Schwärmer heisset. Wenn der Einklang mit der Octave abgewechselt wird, so wird der selbe ein springender Schwärmer genennet.»

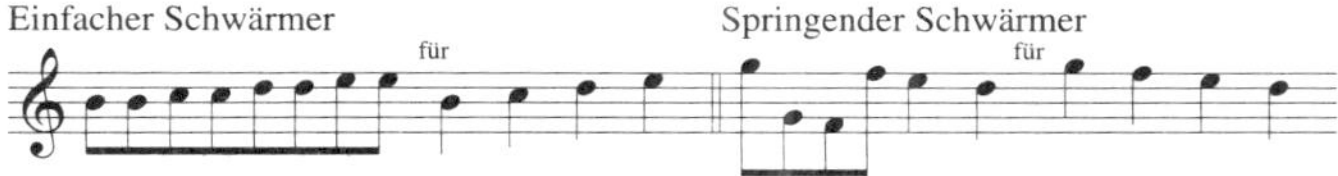

Ferner sind Synkopierungen («Rückungen») beim Diminuieren längerer Notenwerte möglich sowie Vorausnahmen und Verzögerungen. «Alle diese jzt erklärte Manieren, die von der Verkleinerung, Haltung, Vorausnehmung und Aufhaltung einer Hauptnote entstehen, werden schwebende Manieren genennet.»

«II. Classe der Setzmanieren.
Es sind aber in dieser Classe die lauffenden Figuren enthalten, und versteht man hierunter diejenigen, wenn man von einer Note zu einer andern entferntern mit Berührung der dazwischen liegenden harmonischen Wechsel- und durchgehenden Noten, und folglich stuffenweise hurtig auf- oder absteiget.»

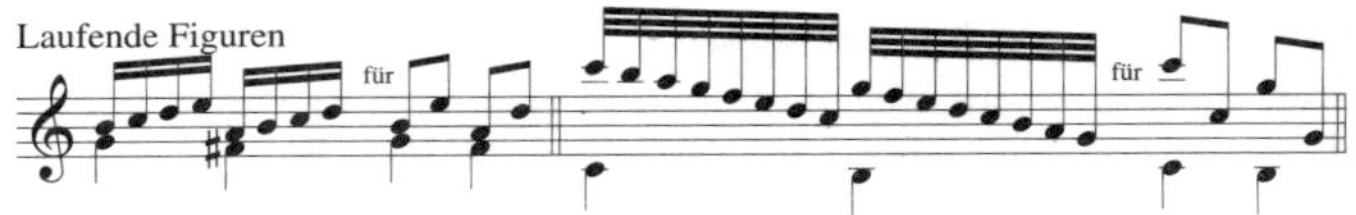

«III. Classe der Setzmanieren.
Wenn die Noten nicht immer gerade fortgehen, wie in den Figuren aus der vorhergehenden Classe, sondern man von einer auf die andere beständig zurück weicht, so entstehen daraus zwey Manieren, davon die erste eine Walze oder Rolle, die andere ein Halbzirkel genennet wird. Mit einem allgemeinen Namen heißen sie beyde rollende Figuren. Zwey Halbzirkel zusammen genommen machen einen ganzen Zirkel.»

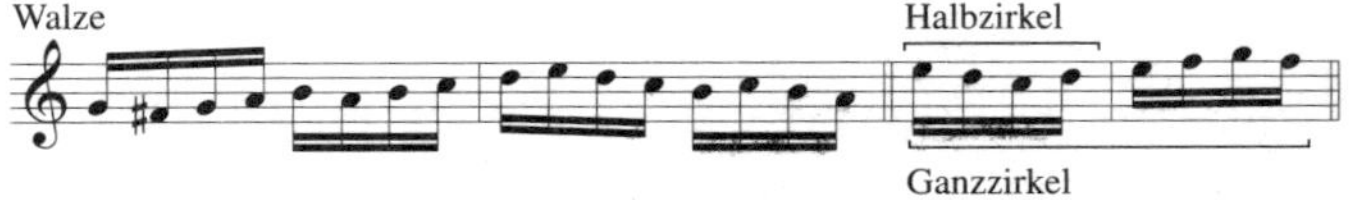

«IV. Classe der Setzmanieren.
Wenn eine zu Grunde liegende Harmonie ganz oder zum Teil in einer Stimme zergliedert, und dadurch die Hauptnote mit den übrigen harmonische Noten wechselweise berühret wird: so entstehet daraus eine Manier, die man eine Brechung oder eine gebrochene Figur heißt. Es gehen diese Manieren ins unendliche und sind sie folglich die fruchtbarsten in der ganzen Setzkunst.»

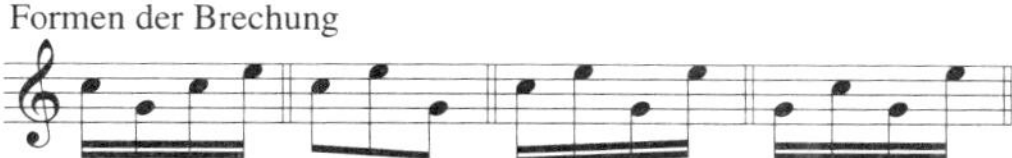

Vorsichtig gehandhabt können diese Brechungen mit Durchgängen oder Wechselnoten durchsetzt sein, dadurch gleichsam eine zweite Kolorierungsebene formulierend:

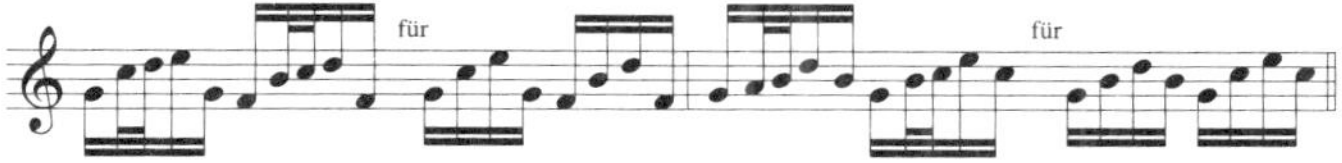

«V. Classe der Setzmanieren.
Hierher gehören alle vermischte Manieren, wenn nemlich schwebende, lauffende, rollende oder gebrochne Figuren zusammen gebracht oder sonsten die Haupt- und harmonischen Noten, dergestalt mit Wechsel- und durchgehenden Noten untereinander durchgeflochten werden, daß man sie nicht bequem nach dieser oder jener Classe von Manieren auflösen kann, weswegen man dergleichen Figuren auch nur insgemein schlechtweg Passagen, Gänge, Wendungen usw zu nennen pfleget.»

Vor allem mit der letzten, in Gestalt und Umfang nicht exakt festgelegten «Classe» öffnet Marpurg die Manierenlehre der phantasievollen Verantwortung des Ausführenden, der nicht nur adäquate Positionen für die Setzung suchen, sondern auch Kombinationen innerhalb des figurativen Grundrepertoires vornehmen soll.

Allerdings hängt der Einsatz aller Verzierungen in der konkreten Aufführungspraxis von genau zu befolgenden Grundregeln ab, die Türk in acht Punkten zusammenfasst:

«1) Jede Veränderung muß dem Charakter des Tonstückes gemäß seyn.
2) Die Veränderungen müssen daher von Bedeutung und wenigstens ebenso gut seyn, als die vorgeschriebene Melodie.
3) Man darf einerley Manieren, wären sie auch noch so schön und passend, nicht oft gebrauchen. Übrigens versteht es sich, daß man

die bessern Verzierungen und weitläufigern Zusätze bis gegen das Ende eines Tonstückes sparen muß.

4) Die Zusätze müssen ganz leicht und nicht mühsam gesucht zu seyn scheinen.

5) Diejenigen Stellen, welche an und für sich schon vorzüglich schön oder lebhaft genug sind, [...] muß man mit Veränderungen uin Zusätzen ganz verschonen, oder sie hierbey besonders sehr sparsam und mit gehöriger Auswahl anbringen.

6) Der Takt muß auch bey den weitläufigsten Manieren im ganzen auf das genaueste gehalten werden.

7) Jede Veränderung muß auf die vorgeschriebene Harmonie gegründet seyn.

8) In Klaviersachen erlaubt man zwar auch den Baß zu verändern, doch muß die Grundharmonie beybehalten werden.» (Türk, S. 325 f.)

Die «geschmackvolle» Verdeutlichung und Steigerung der jeweiligen Affekte, die die spontan gesetzten oder auch notierten Verzierungen leisten, dient letztlich und wesentlich erneut der unmittelbaren Präsenz der instrumentalen Gestalten und ihrer gestischen Charakteristika in einem musiktheatralen Sinn.

Letztlich fällt auch die Kategorie des «tempo rubato» im Zeitalter des klassischen Stils weitgehend unter die Manierenlehre, was entsprechende Auslassungen beispielsweise in der Türk'schen Vortragslehre belegen: «Das Verweilen bei gewissen Tönen» als ein «mit vieler Vorsicht anzuwendendes Mittel zu akzentuieren» (S. 328) kann sich im Normalfall auf den guten, in gezielter Abweichung auch auf den schlechten Taktteilen ereignen. Das Hervorheben geschieht im ersten Fall im Dienste von Periodisierung und Interpunktion, im zweiten im Sinne eines ausdrucksvollen Ornaments, einer Manier also, die meist in Verbindung mit einer Dissonanz auftritt. Modifikationen des Tempos erhielten aufführungspraktisch im Verlauf des 18. Jahrhunderts ein immer größeres Gewicht, wenngleich schon Carl Philipp Emanuel Bach 1753 auf einige «unterschiedene Beispiele» hinweist, «wo man aus Affeckt bißweilen sowohl die Noten als Pausen länger gelten lässt, als die Schreib-Art erfordert» (S. 129) – vornehmlich im langsamen Tempo. In der dritten Auflage (Leipzig 1787) hält Bach gar eine entschieden differenziertere Darstellung des «tempo rubato» für notwendig: «In der Andeutung desselben haben die Figuren bald mehrere, bald wenigere Noten, als die Eintheilung des Tactes erlaubet. Man kann dadurch einen Theil des Tactes, einen ganzen, auch mehrere Tacte so zu sagen verziehen. Das schwereste und hauptsächlichste ist dieses: dass alle Noten g l e i c h e r Geltung aufs strengste g l e i c h vorgetragen werden müssen. Wenn die Ausführung s o ist, dass man mit der e i n e n Hand wider den Tact zu spielen scheint, indem die andere aufs pünctlichste alle Tacttheile anschläget: so hat man gethan, was man hat thun sollen.» (S. 99.) Diese Aussage stimmt verblüffend mit der Mozart'schen überein, der als eine spezielle Stärke des eigenen Spiels vermerkt: «Das Tempo rubato in einem Adagio, daß die lincke hand nichts darum weiß, können sie gar nicht begreifen. bey ihnen giebt die lincke hand nach.» (Brief vom 24. 10. 1777 an den Vater.) Somit dürfte klar sein, dass unter Rubatospiel vor allem eine Verschiebung der Melodik gegenüber der taktmäßig fixierten Begleitstimme zu verstehen ist, nur selten ein gleichzeitiges «Tonverziehen» aller Stimmen. Da es sich zentral um eine ausdruckssteigernde Manier handelt, gilt auch hierfür die Mahnung zu größter Umsicht: «Es gehört zur richtigen Ausführung dieses Tempos viel Urtheils-Kraft und ganz besonders viel Empfindung. Wer beydes hat, dem wird es nicht schwerfallen, mit aller Freyheit seinen Vortrag einzurichten.» (Bach 3. Auflage S. 99.)

Dass sich klangsprachliche Phänomene bei Wiederholungen verändern können, zeigt nicht zuletzt auch die gelegentlich unterschiedliche Handhabung von Phrasierung und Artikulation durch Mozart selbst an, beispielsweise in Reprisen. Scheinbar wohlmeinende Wissenschaftler, aber auch Interpreten neigen gerne dazu, diese Veränderungen kategorisch als Flüchtigkeitsfehler des Komponisten einzustufen und entsprechend korrigierend einzugreifen. Im einen oder andern Fall mag das wohl angemessen sein, grundsätzlich jedoch scheint sich meiner Auffassung nach hinter solchen Unterschieden der lebenswirklich bedingte Sachverhalt zu verbergen, dass im Strom der verlaufenden Zeit sich nichts gleich bleibt und man letztlich niemals denselben Satz, dieselbe Geste, dieselbe Figur völlig identisch artikulieren kann – auch hier gilt Heraklits epochale Erkenntnis eines «panta rhei». Bei Mozart steht hinter solchen Abweichungen sicher kein systematischer Anspruch; die phrasierungstechnischen oder artikulatorischen Varianten, ob beabsichtigt oder beiläufig unterlaufen, gründen wohl erneut im Erfahrungshorizont des lebensorientierten Dramatikers, der entsprechend veränderbar und vielgestaltig auch in der Instrumentalmusik assoziiert und agiert. Zumindest erhalten die imaginierten Instrumentalszenerien Mozarts sowohl durch ein angemessenes Verzierungswesen wie die Veränderbarkeit von Wiederholungstexturen, die Mozart selbst gelegentlich vollzieht, eine zusätzliche Verstärkung ihrer theatralen Lebendigkeit. Jeder Interpret, besonders aber auch jeder Editor, sollte deshalb korrigierende Eingriffe stets mit größter Vorsicht vornehmen.

Zur Ästhetik

Sucht man übergeordnete Aspekte einer charakteristischen Musikanschauung Mozarts in den Klaviersonaten, so bieten sich als Ausgangspunkte allgemeine kritische Stellungnahmen der Zeitgenossen an; deren rückblickende Reflexion vermag, aus dem zeitgebundenen Umfeld herausgelöst, Perspektiven zu erschließen, die Besonderheiten über die Zeitgenossenschaft hinaus in einem übergreifenden Sinn verdeutlichen. Jenseits der offensichtlich wahrgenommenen Störungen scheinbar gültiger Konventionen des «klassischen Stils» kann so eine allgemeinere kompositorisch-ästhetische Differenzierung vorgenommen werden.

– *Geschwindigkeit und Heteronomie:* Sehr früh findet sich der Vorwurf, dass in Mozarts Musik zu viel unterschiedliches Material in Form von Themen, Motiven und Figurationen auf zu engem Raum vorliege. Hierin kann man tatsächlich ein ästhetisches Charakteristikum auch für den Werkbereich der Klaviersonaten festmachen. Vor allem im frühen Œeuvre, das verstärkt improvisatorischen Impulsen verpflichtet ist, wechseln die instrumentalen Figuren gelegentlich in einer Schnelligkeit, die die Aufnahmefähigkeit nicht nur des zeitgenössischen Hörers vor besondere Aufgaben stellt. Das zentrale Agens hierfür scheint die Theatralität eines psychologisch entwickelten Assoziationsstromes zu sein, weniger die Absichtlichkeit einer konstruktiv entwickelten strukturellen Vielfalt oder gar willentlich herbeigeführten Komplexität – Kopfsatz und Finale der Sonate in B-Dur KV 281 wären hierfür ein treffendes Beispiel.

Auch das bekannte Bonmot des Vorwurfs von «zu vielen Noten», die der Kaiser bei der «Entführung aus dem Serail» monierte, und Mozarts schlagfertige Antwort «gerade so viel als nötig» treffen genau den rezeptionsästhetischen Sachverhalt einer latenten Überforderung von zu Vielem in zu kurzer Zeit.

Die heteronome Vielgestaltigkeit, die dennoch zu einer übergeordneten Einheit findet – deren Hintergründe allerdings oft nur andeutungsweise auf struktureller Ebene erkennbar werden –, macht ein zentrales Faszinosum auch der Klaviersonaten aus und stellt darüber hinaus sogar einen wichtigen Bezug zu Tendenzen der Neuen Musik her. Der Phänotypus eines nahezu vegetativ anmutenden Klangspiels wird erkennbar, das in zum Teil rasanter Geschwindigkeit eine vielfältige Welt vorbeiziehen lässt. Otto Jahns Begriff des «Lebensvollen» für Mozarts Musik findet in dieser psychologisch-affektiven Dichte sein eigentliches Pendant. Wir haben, einen Begriff Wolfgang Rihms verwendend, eine radikal «inklusive Musik» vor uns, die Vielgestaltigkeit, Schnelligkeit und Gleichzeitigkeit lebenshaltiger Erscheinungsformen in instrumentaler Klanggestalt als musikalischen Prozess wiedergibt. Der rezeptionsästhetische Überschuss, der dadurch entsteht, stellt bis heute eine spezielle Herausforderung für das Hören Mozart'scher Musik dar. Darüber hinaus äußert sich in diesem Zusammenhang das vielleicht Unbegreiflichste, letztlich wohl nie rational auflösbare Geheimnis der Mozart'schen Musik, dass nämlich trotz größter und schnellster Überraschungsdichte der Auftritt des jeweils Neuen, Anderen sofort seine unmittelbare Evidenz, ja Notwendigkeit zeigt.

– *Kontrastbildung:* Der Vorwurf zu scharf und schnell gesetzter Kontraste kann als Zuspitzung der bemerkenswerten Vielgestaltigkeit begriffen werden. Tatsächlich erreicht die parataktische, oft filmschnittartige Reihung unterschiedlich profilierter melodischer, harmonischer und rhythmischer Gestaltungselemente immer wieder eine derart kontrastierende Spannung auf engem Raum, dass sie an die Grenzen beabsichtigter ästhetischer Brüche reicht. Das wohl erneut dramaturgisch motivierte Aufeinanderprallen konträrer Gestalten kann sich gelegentlich über die theatrale Dimension hinaus zum strukturellen Konzept eines Satzverlaufs entwickeln, so besonders auffällig in der Phantasie und Sonate in c-Moll KV 475/457; dass vor allem hier Vorgriffe auf Beethovens frühe Sonatenästhetik erkennbar werden, liegt auf der Hand.

– *Formale Verfehlungen:* Dass Mozart allzu oft «die schöne Proportion der Form» (Nägeli) verfehle, zieht sich wie ein roter Faden durch die Mozart-Kritik. Natürlich müssen die vielfachen Abweichungen von formalen Konventionen erneut im Kontext eines vegetativ orientierten Kompositionsprozesses gesehen werden, der nur sekundär auf die Einhaltung beispielsweise von regelmäßiger Periodenbildung achten kann und deshalb nicht selten Fünf- oder Siebentakter zustande kommen lässt, somit irregularisierende Stauchungen bzw. Erweiterungen. Hinzu kommt allerdings, dass sich zusätzlich absichtsvolle Täuschungsmanöver dahinter verbergen, die mit gängigen Erwartungshaltungen humorvoll bis ironisch spielen. Die Lebendigkeit dieser ebenso kunstvollen wie freien Formverläufe, die selten die ästhetischen Kategorien von Brechung oder gar Verfremdung berühren, entfaltet zumeist eine absichtslose Beiläufigkeit, die die unregelmäßigen Gruppierungen nicht äußerlichereignishaft vorführt, sondern subkutan und selbstverständlich im Hintergrund der satztechnischen Entwicklungen belässt.

Ein deutliches Beispiel bietet hierfür der Beginn des Kopfsatzes der Sonate in C-Dur KV 309. Das kontrastierende Vorder-Nachsatz-Prinzip in sieben Takten entfaltet sich als Abfolge eines gestauchten Zweitakters im Forte und nachfolgenden gedehnten Fünftakters im Piano; die traditionelle Geste der gegenübergestellten Korrespondenz überdeckt allerdings die unregelmäßige Periodik derart, dass sie nahezu selbstverständlich erscheint, gleichzeitig aber doch eine merkwürdige Irritation hinterlässt, die eher unterbewusst wirkt. Eine derartig natürlich erscheinende Unregelmäßigkeit spiegelt den Willen zu einer Klanggestaltung wider, die aus sich heraus ihre formale Prozessualität individuell entwickelt und sich nicht einer vorgeschalteten Regelkonformität verpflichtet fühlt. Vor allem das Verhältnis zwischen der gestisch realisierten Konventionalität und der gleichzeitigen Latenz einer irritierenden Unregelmäßigkeit markiert den singulären ästhetischen Stellenwert derartiger kompositorischer Phänomene.

Gleichzeitig kann dieses Beispiel für die immer wieder reklamierte, auf Mozart'sche Äußerungen zurückzuführende Absicht herangezogen werden, die Kenner zufriedenzustellen, ohne die dilettierenden Liebhaber zu verstören. Die kunstvoll gestaltete Irregularität bleibt hinter dem konventionellen Gestus verborgen, so dass der traditionell konditionierte Allgemeinhörer ebenso befriedigt wird, wie sie dem auf Originalität erpichten Experten ein überraschendes Exempel bietet. Neben den produktionsästhetischen Intentionen eines ausbalancierten Verhältnisses von Ganzem zu Teilen, Allgemeinem zu Besonderem liegt hierin auch rezeptionsästhetisch ein Ideal klassischer Stilbildung vor, das zwar aus der Pragmatik einer notwendig am Verkaufserfolg orientierten, weitgehend freien Künstlerpersönlichkeit geboren wurde, jedoch weit darüber hinausgehend einer Utopie entspricht, die Musik als Universalsprache über bildungsspezifische und gesellschaftliche Differenzen hinaus zu etablieren trachtet.

Als weiteres Beispiel sei der Beginn des Kopfsatzes der Sonate in a-Moll KV 310 herangezogen: Die konventionell achttaktige Gesamtperiode entfaltet sich im Inneren als weiträumig angelegter dramatischer Fünftakter im Forte gegenüber einem floskelhaft kleingliedrigen Dreitakter im Piano; die Unregelmäßigkeit wirkt hier wie ein spannungsreiches Gestaltungsmanöver, das ein Gegengewicht überraschend kurzatmig, gleichsam unzureichend einführt, um danach desto nachhaltiger den pathetischen Grundaffekt des Beginns fortzusetzen. Hatten wir im ersten Beispiel eine latente Täuschungsstrategie vor uns, so in diesem eine dramaturgisch motivierte Strategie der Ent-Täuschung, die mit einer zunächst provozierten Erwartungshaltung arbeitet. In beiden Fällen wird deutlich, dass Komponieren nach formalen Grundregeln letztlich hinter den Unwägbarkeiten eines an Freiheit und Individualität orientierten Klanglebens zurücksteht.

– *Dissonanzgebrauch:* Nicht nur die immer wieder feststellbare Häufigkeit und Dichte gesetzter Dissonanzen, sondern mehr noch ihr überraschender und unkonventioneller Gebrauch wurden bereits von den Zeitgenossen konstatiert. Die so entstehenden Ein- und Umbrüche erzeugen dramaturgisch Untiefen, die wie Störfaktoren allzu vertrauter Idyllik auftreten, etablierte

Effekte verunsichern oder stabile musikalische Entwicklungen in den Sog gefährdenden Treibsandes ziehen. Unsicherheit wie Verunsicherung werden so direkte und konstitutive Bestandteile der musikalischen Prozesse – der lebensgeschichtliche Gemeinplatz, dass nichts sich gleicht und bestehen bleibt, noch irgendein definitiv sicherer Halt zu erwarten ist, erhält so direkte kompositorische Artikulationsformen. Das harmonisierende Prinzip von Harmonik zeigt einen doppelten Boden, da innerhalb der prinzipiell geordneten Vollzüge zugleich immer wieder deren Gefährdungen offengelegt werden. Dies kann sich als schmerzhafter Affekt im Sinne einer szenischen Disposition artikulieren wie in den dissonanzgesättigten, auf sequenzierende Beharrlichkeit, ja Insistenz angelegten Durchführungen der Sonate in a-Moll KV 310 – im ersten Satz ab T. 58, im zweiten Satz ab T. 43. Bei weitem häufiger sind allerdings die raschen und unvorbereiteten Umschläge in vielen langsamen Sätzen, die irritierende längerfristige oder auch nur kurzzeitige Abgründigkeiten erzeugen. Erstere werden zumeist durch den einfachen Wechsel des Tongeschlechts eingeleitet, der dann den ganzen Formteil dominiert, so beispielsweise im Andante cantabile der Sonate in C-Dur KV 330, das auf das grundgelegte F-Dur am Satzbeginn urplötzlich ab T. 21 ein bedrohlich pulsierendes f-Moll mit hoher Dissonanzdichte folgen lässt. Für kurzzeitige Einbrüche finden sich vielfältige Strategien, häufig hervorgerufen durch die überraschende Setzung verminderter Dreiklänge bzw. Septakkorde, so im Andante cantabile der Sonate in B-Dur KV 333 zu Beginn des zweiten Teils ab T. 32. Auch als integraler Bestandteil von Themen selbst kann der Modus dissonierender Verunsicherung erscheinen, so beispielsweise in T. 2 des Kopfmotives aus dem Andante der Sonate in F-Dur KV 533/494: Der unvermittelte Umschlag aus reiner Diatonik, die von der Grundstellung zum Sextakkord in T. 1 führt, zum verminderten Klang auf Zählzeit eins in T. 2 wirkt wie ein plötzlicher Stich ins Herz, der sich im Folgenden als mitentscheidender Motor für den gesamten Satzverlauf entpuppt. Auch als Mittel irritierender Umblendungen eines zunächst harmonisch gefügten Themas können derartige Einbrüche auftreten, so bei der Wiederholung des

Hauptmotivs im Adagio in A-Dur aus der Sonate in D-Dur KV 576 ab T. 13: Die ebenso überraschende wie irritierende Harmonisierung durch die verminderte Septe auf Zählzeit eins bereitet in diesem Falle am Ende des ersten Themenblocks ab T. 17 einen zweiten in dissonanzreichem fis-Moll vor, der anschließend eine längerfristig abgedunkelte Zone mit dichter Chromatik entwickelt.

Das zentrale kompositorische Mittel Mozarts für eine Dramaturgie der Untiefen und Verunsicherungen stellt zweifellos das Dissonanzpanorama seiner Harmonik dar; hier entäußert sich am deutlichsten eine autobiographisch gesteuerte, selbstvergessene Empfindsamkeit und emotionale Direktheit des ansonsten meist in distanziertem Spiel agierenden Komponisten, dem zugleich wohl keine menschliche Regung fremd und klanglich unerreichbar blieb.

Epilog: Zur Rezeption

Zweifellos sind die seit dem 19. Jahrhundert rezeptionsgeschichtlich dominanten Klaviersonaten der Wiener Klassik diejenigen Ludwig van Beethovens; ihre Präsenz im Musikleben ließ Mozarts Stücke ebenso ins zweite Glied rücken, wie umgekehrt diese das umfangreiche Sonatenœuvre Haydns eher in den Hintergrund drängten. Beethovens Sonatenkonzept wurde seit Adolf Bernhard Marx ab den 30er Jahren des 19. Jahrhunderts theoretisch nobilitiert und idealisiert; es erschien darüber hinaus einerseits aufgrund der Vielfalt und meisterhaften Dichte – 32 individuelle Werkkonzeptionen liegen vor –, andererseits aufgrund seiner dialektischen Grunddisposition und gleichzeitig integrativen Verarbeitungstechnik als Inbegriff von Sonatenkomposition, an dem sich Gegenwart und Zukunft zu messen hatten. Das betraf sowohl die kompositorische Rezeption und Auseinandersetzung der Komponisten von Schubert bis Brahms und Spätere als auch den Verlauf der theoretischen Reflexion, aber auch den hörenden Anspruch der Rezipienten.

So gerieten die Besonderheiten des Mozart'schen Œuvres etwas aus dem Blickfeld, ja, der Fokus auf Beethoven schien auch die Rezeption seiner 18 Klaviersonaten profilierend zu beeinflussen: Die unübersehbare Vorliebe für Beethoven-nahe Werke wie die a-Moll-Sonate KV 310 oder die c-Moll-Fantasie und Sonate KV 475/457 belegt dies nachdrücklich. Ansonsten hatten Kuriositäten wie der «Alla turca»-Satz aus der Klaviersonate in A-Dur KV 331 oder die auffällige Virtuosität der «Jagdsonate» in D-Dur KV 576, gemäß dem Virtuosenkult des 19. Jahrhunderts und danach, eine gewisse Konjunktur. Prinzipiell galt aber das unberechtigte Vorurteil, dass Mozarts Sonatenkonzept ebenso wie das Haydns eine Art Vorstufe zur eigentlichen Erfüllung von Sonatenkomposition bei Beethoven darstelle – eine Einschätzung, die noch weit ins 20. Jahrhundert hineinreichte.

Dementsprechend wurden Sonaten wie die in C-Dur KV 545, die bereits editorisch als «facile» die Runde machte, zum reinen Unterrichtsmaterial degradiert – im Konzertbetrieb war sie so gut wie nicht vorzufinden. Darüber hinaus standen vor allem die frühen Werke KV 279–284 im relativen Abseits, eine lebendige Interpretationskultur und -geschichte ist kaum feststellbar – bis heute sind sie in Recitals eher selten zu hören.

Das teleologische Verdikt hat sich erst entscheidend relativiert, als die Perspektive historischer Aufführungspraxis das Musikleben Schritt für Schritt zu verändern begann. Zunächst war diese auf Phänomene der Renaissance- und Barockmusik konzentriert, spätestens seit den 1980er Jahren gerieten jedoch zusehends Werke der Frühklassik, Klassik, ja der Frühromantik in ihr Blickfeld – der Prozess ist längst nicht abgeschlossen, da mittlerweile selbst die Symphonik Bruckners und Brahms' kritischen Überlegungen nach Originalklang und historischer Authentizität unterzogen wird. Vor allem dem Werkbestand frühklassischer Komponisten wurde so eine breitere Aufmerksamkeit zuteil, die Phase zwischen ca. 1740 und der Mitte der 70er Jahre wurde als höchst interessante «Epoche zwischen den Epochen» neu entdeckt – am offensichtlichsten vielleicht in der gewonnenen Wertschätzung Carl Philipp Emanuel Bachs, dessen Werke mehrfache, breit gefächerte Einspielungen erlebten. Auch die frühen Klaviersonaten Haydns und Mozarts profitierten von diesem Schub, ihre unverwechselbaren Besonderheiten traten gerade im Vergleich zum Beethoven'schen Œuvre unvoreingenommener ins Blickfeld. Zugleich wurde immer deutlicher, dass zumindest dessen mittleres Sonatenschaffen eher der musikalischen Romantik des 19. Jahrhunderts bzw. die späten Werke gar der musikalischen Moderne und weniger dem Kernbereich des Wiener klassischen Stils zuzuordnen sind. Dessen Zentrum stellen zweifellos neben Beethovens frühen Stücken der 90er Jahre die Werke Haydns und Mozarts dar, die sich so zunehmend aus dem Schatten der Beethoven'schen Idealisierung lösten und als eigentliche Erfüllung klassischen Sonatenkomponierens etablierten. Vor allem Mozarts Sonaten rückten in ihren lebensvoll-spielerischen, instrumentalspezifischtheatralen Dimensionen verstärkt in den Vordergrund der Aufmerksamkeit.

Diese Faszination wird sowohl von Interpreten wie Musikliebhabern weitergetragen; ja auch Komponisten fühlen sich zusehends von Mozarts Klaviermusik affiziert und angeregt. Hatte sich die musikalische Moderne der 1950er bis zu den frühen 70er Jahren weitgehend für strukturelle Komplexitäten interessiert und so erneut Beethovens Werk ins Zentrum gestellt, so gerieten mit der Relativierung eines derartigen Blickwinkels seit den 80er Jahren die assoziative Vielfalt, klangliche Flexibilität und theatrale Präsenz der Mozart'schen Werke zunehmend in den Fokus auch kompositorischer Rezeption. Hans Werner Henze war in dieser Hinsicht sicherlich einer der Vorreiter früher Mozartorientierung in der Nachkriegszeit.

Da die mediale Präsenz durch Aufnahmen seit dem letzten Drittel des 20. Jahrhunderts einen wesentlichen Anteil am Musikleben einnimmt, war die weiterhin eher reduzierte Präsentation Mozart'scher Klaviersonaten im Konzertleben weniger erheblich – hier sind die Beethoven'schen Opera bis heute dominierend. Die Gesamteinspielungen Mozart'scher Sonaten von Glenn Gould und Friedrich Gulda bis zu András Schiff vermochten die Diskussion um die historische, stilistische und interpretatorische Bedeutung der Stücke zu beleben und vor allem die enorme Vielfalt und den weiten Entwicklungsbogen, die dem Beethoven'schen Œuvre trotz geringeren Werkbestands kaum nachstehen, in ein neues Licht zu rücken.

Hinweise zu Einspielungen

Unter den zahllosen Aufnahmen seien an dieser Stelle ausschließlich Gesamteinspielungen vorgestellt und kommentiert, allerdings auch ohne Anspruch auf Vollständigkeit. Die jüngste stammt vom Autor dieses Werkführers (Celestial Harmonies 2014); er versucht, den hier ausgeführten Erkenntnissen interpretatorisch Rechnung zu tragen. Er führt darin die fundamentalen Einsichten zusammen, dass sich das imaginär-theatrale Element der Mozart'schen Instrumentalmusik vornehmlich im Wege der Umsetzung von Erkenntnissen der historischen Aufführungspraxis realisieren lässt, und knüpft damit zugleich an aktuelle Perspektiven an, die sich aus der Geschichte der Auseinandersetzung mit zeitgenössischen Positionen mit Mozarts Œuvre ergeben. Dies ist eine interpretationsästhetische Position, die nicht allein auf die klangliche Umsetzung mit historischen Instrumenten angewiesen ist, sondern gerade als Grundlage für den Einsatz moderner Instrumente dienen kann. Die Realisierung auf neuen Flügeln mag zwar einerseits als befremdliche Distanzierung vom authentischen Klangbild wahrgenommen werden, andererseits entsteht aber auch eine kritische Distanz, die einen weiterführenden Dialog mit dem Werkbestand ermöglicht. Darüber hinaus wurde den unterschiedlichen entwicklungsgeschichtlichen und stilistischen Positionen der Sonaten in Mozarts Lebenswerk insofern entsprochen, als die Arbeit mit unterschiedlichen modernen Instrumenten und variierten Aufnahmekonstellationen – beispielsweise einer verstärkt am Cembaloklang orientierten Direktheit in den ersten Sonaten mit Hilfe eines leicht perkussiv orientierten Steinway oder einer verstärkten Obertonorientiertheit durch einen Bösendorfer Imperial bei den späten – zusätzliche Differenzierungen ermöglicht. So versucht der Interpret, der Unterschiedlichkeit der historischen Instrumente, wie sie beispielsweise in der gerade im Entstehen begriffenen Einspielung Siegbert Rampes durch die Verwendung von Cembalo, Clavichord und Hammerklavier faktisch umgesetzt wird, auf einer übertragenen Ebene auch in der bewussten Beschränkung auf den modernen Konzertflügel gerecht zu werden. Die gesamte Einspielung ist also bewusst nicht in einer übergreifenden klangästhetischen Homogenität gehalten, sondern soll dazu beitragen, mit leichten Klangmodifikationen den stilistischen Wandlungen im Verlauf der Mozart'schen Sonatenproduktion nachzuspüren.

Eine eher klassisch-sachlich orientierte Interpretationshaltung verraten die Gesamteinspielungen von Christian Zacharias und die auffällig virtuos gehaltene von Mitsuko Uchida. Eine romantisierende Tendenz ist den Einspielungen von Claudio Arrau, Daniel Barenboim und Maria João Pires anzumerken, während jene von András Schiff wohl als die erste gelten darf, in der Aspekte der historischen Aufführungspraxis gelungen mit einbezogen werden. Als Aufnahmen auf historischen Instrumenten gilt es einerseits, die Pionierleistung von Malcolm Bilson, andererseits die klug recherchierte und disponierte von Alexeï Lubimov hervorzuheben. Eine spezielle kammermusikalische und poetische Sensibilität entfalten in ihren Aufnahmen Christoph Eschenbach und Homero Francesch, während in den Gesamteinspielungen von Paul Badura-Skoda, Ingrid Haebler und Walter Klien Aspekte einer typisch wienerischen Tradition spürbar werden. Eine extreme Interpretationshaltung vermittelt die Einspielung von Glenn Gould, da sie in einem speziell auf Offenlegung von Strukturen ausgerichteten Sinn Temporelationen und dynamische Vorgaben radikal deutet bis umdeutet. Unter den älteren Produktionen verdienen die hoch empfindsame von Vlado Perlemuter, die expressiv-virtuose von Peter Katin sowie die neusachliche, nüchtern-durchsichtige von Walter Gieseking Beachtung – letztere war Bestandteil einer Gesamteinspielung aller Klavierwerke Mozarts. Insgesamt ist festzustellen, dass die kompositorische Vielfalt des Œuvres durchaus ein adäquates Pendant in der praktischen Interpretationsgeschichte fand.

Dank

Für die vielfältige Unterstützung bei der Erstellung dieses Bandes möchte ich mich sehr herzlich bei den beiden Mitarbeitern des Institutes für Musikwissenschaft der HMT München, Prof. Dr. Claus Bockmaier und Herrn Tobias Albrecht, bedanken.

Literaturverzeichnis

Quellen

Bach, Carl Philipp Emanuel: *Versuch über die wahre Art das Clavier zu spielen*. Berlin 1753 und 1761. Faksimile-Nachdruck Kassel u. a. 1994.

Türk, Daniel Gottlob: *Clavierschule, oder Anweisung zum Clavierspielen für Lehrer und Lernende*. Leipzig und Halle 1789. Faksimile-Nachdruck Kassel u. a. 1997.

Marpurg, Friedrich Wilhelm: *Anleitung zum Clavierspielen, der schönen Ausübung der heutigen Zeit gemäß*, Berlin 1755.

Sekundärliteratur

Badura-Skoda, Eva und Paul: *Mozart-Interpretation*. Stuttgart 1957.

Bär, Frank P. (Hrsg.): *Piano-Perspektiven. Die Klaviersonaten W. A. Mozarts auf historischen Hammerflügeln*. Nürnberg 2006.

Beach, David: *The first movement of Mozart's piano sonata in a minor, K.310. Some thoughts on structure and performance*, in: *The Journal of musicological research*, Bd. 7 (1986/87), S. 157–186.

Berktold, Christian: *Zur Satztechnik der Hemiolenbildung in Klaviersonaten Mozarts*, in: *Compositionswissenschaft. Festschrift Reinhold und Roswitha Schlötterer zum 70. Geburtstag*. Augsburg 1999, S. 163–173.

Broder, Nathan: *Mozart and the Clavier*. In: *The Musical Quarterly*, Bd. 27/4 (1941), S. 422–432.

Brügge, Joachim: *Typus und Modell in den Klaviersonaten W. A. Mozarts*, in: *Mozart-Studien, Bd. 3*. Tutzing 1993, S. 143–189.

Brügge, Joachim: *Von der «Lehrbuch»-Sonate zur Intertextualität*, in: *Mozarts Klavier- und Kammermusik*, hrsg. von Matthias Schmidt (Mozart-Handbuch Bd. 2). Laaber 2006, S. 109–163.

Budday, Wolfgang: *Mozarts Kompositionsweise, dargestellt am ersten Satz der Klaviersonate D KV 284 (Dürnitz-Sonate)*, in: *Musiktheorie. Festschrift für Heinrich Deppert zum 65. Geburtstag*. Tutzing 2000, S. 99–118.

Budde, Elmar: *Die Klaviersonaten von Mozart und Beethoven*, in: *Beethoven, Goethe und Europa*. Laaber 1999, S. 91–105.

Burde, Wolfgang: *Studien zu Mozarts Klaviersonaten. Formungsprinzipien und Formtypen*. Giebing 1969.

Cherbuliez, Antoine-Elisée: *Sequenzentechnik in Mozarts Klaviersonaten*, in: *Mozart-Jahrbuch*. Salzburg 1953, S. 77–94.

Dinslage, Patrick: *Abweichung und Norm. Zur Form des «ersten Allegros» in den Klaviersonaten KV 311 und KV 570 Wolfgang Amadeus Mozarts*, in: *Musica. Zweimonatsschrift für alle Gebiete des Musiklebens* 41 (1987), S. 419–423.

Dittrich, Marie-Agnes: *Harmonische Rückungen in Haydns und Mozarts Klaviersonaten*, in: *Kongreßbericht zum 7. Internationalen Gewandhaus-Symposium*. Leipzig 1993, S. 41–46.

Edler, Arnfried: *Gattungen der Musik für Tasteninstrumente. Teil 2: Von 1750 bis 1830* (Handbuch der musikalischen Gattungen Bd. 7,2). Laaber 2003.

Irving John: *Mozart's Piano Sonatas. Contexts, Sources, Styles*. Cambridge 1997.

Irving, John: *Understanding Mozart's piano sonatas*. Burlington 2010.

Keefe, Simon P.: *Mozart's late piano sonatas (K457, 533, 545, 570, 576). Aesthetic and stylistic parallels with his piano concertos*, in: *Words about Mozart. Essays in honour of Stanley Sadie*. Woodbridge 2005, S. 59–75.

Mauser, Siegfried: *Figur – Manier – Motiv. Zur Genealogie Mozartscher Melodiebildung in den frühen Klaviersonaten*, in: *Internationaler musikwissenschaftlicher Kongreß zum Mozartjahr 1991*. Tutzing 1993, S. 145–150.

Pfingsten, Ingeborg: *Ökonomie der musikalischen Mittel in der formalen Gestaltung bei Mozart und Beethoven, aufgezeigt an dreiteiligen Liedstrukturen in Klaviersonaten*, in: *Musiktheorie. Zeitschrift für Musikwissenschaft*. Bd. 1 (1986), S. 217–237.

Plath, Wolfgang: *Zur Datierung der Klaviersonaten KV 279–284*, in: *Acta Mozartiana*. Bd. 21 (1974), S. 26–30.

Rampe, Siegbert: *Mozarts Claviermusik. Klangwelt und Aufführungspraxis. Ein Handbuch*. Kassel u. a. 1995.

Rasch, Rudolf: *Die Zirkelsequenz in Mozarts Klaviersonaten*, in: *Zeitschrift der Gesellschaft für Musiktheorie* Bd. 4/1–2 (2007), S. 57–86.

Riemer, Otto: *Zwischen Mutwillen und Gesetz. Zur Durchführung in Mozarts Klaviersonaten*, in: *Musica. Zweimonatsschrift für alle Gebiete des Musiklebens*. Bd. 10 (1956), S. 12–15.

Rosenberg, Richard: *Die Klaviersonaten Mozarts. Gestalt- und Stilanalyse*. Hofheim 1972.

Schmidt, Matthias (Hrsg.): *Mozarts Klavier- und Kammermusik* (Mozart-Handbuch Bd. 2). Laaber 2006.

Scholz, Gottfried: *Zu den Mittelsätzen früher Mozart'scher Klaviersonaten*, in: *Das Klavier in Geschichte(n) und Gegenwart*, hg. v. Michael Huber. Strasshof 2001, S. 197–203.

Siegmund-Schultze, Walther: *Zur Neudatierung von Mozarts Klaviersonaten KV 330–333*, in: *Festschrift Wolfgang Rehm zum 60. Geburtstag*. Kassel u. a. 1989, S. 93–94.

Werkregister

Personenregister